제대로 전달하는 기술과 표현

일본어 회화
상급으로 가는 길

荻原稚佳子·增田眞佐子·齊藤眞理子·伊藤とく美 공저

시사일본어사

머리말

　당신은 지금 흥미가 있는 것에 대해서 자세하게 설명할 수 있습니까? 그리고 말하고 있는 상대에게 당신과 마찬가지로 흥미를 갖게 할 수 있습니까? 또 일본인이나 일본어를 공부하고 있는 사람과 이야기를 하면서 즐겁게 대화를 지속할 수 있습니까?

　본 책은 이러한 질문에 '네'라고 대답할 수 있도록 하기 위해서 만들어진 교재입니다. 생활에 관계된 신변적이고 간단한 것은 설명할 수 있지만, 복잡한 것을 설명할 수 없거나, 흥미가 있는 것에 대해서 자세하게 말할 수 없거나 해서 정말로 알아줬으면 하는 것을 전달할 수 없었던 적이 있는 분들은 꼭 공부해 주셨으면 합니다.

　더 나아가 일본인 친구도 생겼지만, 아무래도 재미있게 대화를 이어갈 수 없다는 분에게도 커뮤니케이션이 단순히 정보를 전달하는 것만은 아니라는 것을 알게 하고 싶습니다. 그리고 자신의 다양한 기분이나 진짜로 전달하고 싶은 것을 알아주도록 말하는 방법, 말하는 상대의 진짜 의사를 이해하도록 듣는 방법을 배우고 서로 보다 잘 알아가기 위한 힌트를 얻기를 바랍니다.

　이 교재를 통해서 한사람이라도 많은 사람이 즐겁게 대화를 할 수 있게 되기를 바랍니다.

저자 일동

이 책을 사용해서 지도하시는 분들께

1. 본 책의 이념

① 회화지도의 목표를 구체적으로 제시

목표로 하는 학습 항목이나 어휘 등이 비교적 명확한 초급 지도와 다르게 중·상급자의 회화 지도는 목표를 알기 어렵다고 합니다. 그래서 본 책에서는 중급자가 상급자가 되기 위해서 무엇이 필요한가를 구체적으로 제시하고, 학습자에게도 지도자에게도 각 과의 도달목표를 금방 알 수 있도록 했습니다.

② 상급자에게 필요한 능력을 명시

상급자가 되기 위해서 필요한 능력에 대해서는 ACTFL-OPI(전미 외국어교육협회, 구두능력인터뷰 시험)의 언어운용능력기준을 참고로 하고 있습니다. 상급자로서 어떠한 것이 가능해야 하는가를 각 과의 기능상의 목표로 했습니다. 구체적인 기능상의 목표는 개인적, 일반적인 흥미에 관한 화제에 대해 상세한 설명, 묘사, 서술 등이 가능하게 되는 것입니다.

③ 중급자에게 부족한 능력의 명시와 의식화

또 오랜 기간의 회화분석 연구 결과로부터 중급자가 상급자가 되기 위해서 몇 가지 부족한 점이 확실해졌습니다. 그것은 (1) 어떤 화제에 대해서 말할 때, 어떠한 내용에 대해서 말하는 것이 기대되어지고 있는가를 알지 못 하는 것 (2) 정리가 되지 않고 생각이 나는 대로 말하기 때문에 무엇을 말하고 싶은가를 전달하기 힘든 것 (3) 화제에 맞는 어휘나 표현을 사용할 수 없는 것 등입니다. 더욱이 문법적인 문제점으로서 초급에서 배웠을 자동사와 타동사의 구분이 충분히 되어 있지 않은 것 등이 있습니다.

본 책에서는 각 과의 화제에 따라서 이러한 극복해야 할 점을 명시했습니다. 이야기해야 할 내용과 그 구성을 의식하면서 어휘·표현을 풍부하게 하고, 자연스럽게 무리없이 상급자로서의 능력을 기를 수 있도록 연구하고 있습니다.

④ 능숙한 화자(話者)·청자(聴者)가 되기 위한 자각과 반성

더욱이 본 책에서는 정보를 전달하는 활동과는 다른 커뮤니케이션의 측면에도 주목하고 있습니다. 그것은 인간관계를 키우고 유지해 가는 것입니다. 아무리 자세하고 능숙하게 말할 수 있다고 해도 그 사람과 별로 말하고 싶지 않다는 생각이 들게 하는 화자는 곤란합니다. 좀 더 이야기하고 싶다, 좀 더 그 사람을 알고 싶다는 생각이 들게 하는 화자가 되는 것을 목표로 하고 있습니다. 그렇게 하기 위해서 좋은 화자란 무언가를, 청자로 하여금 생각하게 하기 위한 활동을 포함시켰습니다.

2. 실러버스와 목표

본 책은 기능·화제 실러버스로 구성되어 있고, 각 과에 다음 3가지 목표가 있습니다.

① 커뮤니케이션 기능상의 목표 : 자세한 묘사, 복잡한 것의 설명, 사건 설명 등.

② 스트라테지・담화구성・문법상의 목표 : 개인적인 것에 대해서 실례가 되지 않는 질문 방법이나 화제에 적합한 말하는 법, 순서를 나타내는 말의 사용 등.
③ 커뮤니케이션의 인간관계상의 목표 : 개인적인 화제로의 배려나 다른 사고방식이나 느끼는 방법을 서로 인정하는 자세 등, 심리학이나 커뮤니케이션론 등의 사고법을 포함한 목표로, 청자로서의 역할을 의식하게 하고, 좋은 화자・청자가 되는 것을 목표로 하기 위한 것.
※이 3가지 목표에 대해서는 각 과 종료 후, 체크 시트(p.8)로 의식화할 수 있습니다.

3. 본 책의 구성
① 본 책
본 책에서는 각 과가 대략적으로 다음과 같은 구성으로 되어 있습니다.

```
● さあ 始めよう!
● 何をどんな順序で
  Step.1
  ● どんなことばで 1
  ● やってみよう 1
  ● 話すこころ・聴くこころ
  Step.2
  ● どんなことばで 2
  ● やってみよう 2
```

*【話すこころ・聴くこころ】는「やってみよう」
  1 또는 2 뒤에 있습니다.

*「やってみよう3」이 있는 과도 있습니다.

- さあ始めよう! : 각 과의 화제에 대해서 몇 개인가의 질문에 답하거나, 지금까지의 경험을 떠올리거나 하는 것으로 화제에 관심을 갖는다.
- 何をどんな順序で : 각 화제에 대해서 말하는 경우에 일반적으로 자주 언급되는 내용과 그 담화구성을 명시하는 것에 의해, 말하는 내용과 순서에 대한 의식화를 꾀한다. 특히, 담화구성에 대해서는 학습자가 구성을 의식하는 것에 의해 길고 자세한 이야기가 가능해지게 되어 재차 알기 쉬워진다.
- Step.1 Step.2 : 2개의 Step으로 말하는 내용을 조금씩 충실하게 하거나, 다른 각도에서 말하는 방법을 보다 세련되게 하거나 말하는 방법의 형태를 바꾸거나 해서 다양한 장면에 대응이 가능하도록 한다. 각 Step은 다음 코너에 의해 구성되어 있다.
- どんなことばで : 「やってみよう」의 활동에 필요한 어휘나 표현에 대해서 문제 형식으로 공부한다.
- やってみよう : 학습한 구성, 어휘・표현을 사용해서 각 과의 화제에 대해 실제로 이야기해 본다.
- 話すこころ・聴くこころ : 「やってみよう」에서 말할 때의 감정 등을 돌이켜 생각해 보는 것으로, 즐겁고 기분 좋은 커뮤니케이션을 하는 데에 어떤 화자( )・청자( )가 좋

— 5 —

은가에 대해 생각한다.

다음과 같은 페이지나 코너도 있습니다.
[あなたのことばメモ] : 자신이 실제로 말할 때에 필요한 단어를 선택해서 메모하는 코너.
チェックシート : 각 과의 종료 후, 각각의 3개의 목표에 대해서 스스로 능숙하게 말할 수 있게 되었는가, 의식할 수 있게 되었는가를 체크하는 페이지.
巻末資料 : [자동사와 타동사 리스트], [접속 표현 정리]
② 별책
별책 1: 활동자료집
● **資料** : 그 과의 활동에서 사용하는 그림 카드나 워크시트 등
● **もっと楽しもう** : 시간에 여유가 있을 때는 발전적으로 할 수 있는 활동을 소개하고 있다.
별책 2: 해답 예
● **どんなことばで**, ●**やってみよう** 등의 해답 예나 발화 예.

4. 본 책을 사용한 지도에 관한 기본 정보
① 대상자·레벨 : 중급 후반이상인 학생, 사회인
② 소요 시간 : 1과마다 완결로, 약 90분 수업을 상정.
③ 교실 인원 : 20명 정도까지
④ 교재·활동 타입 : 교실 활동 중에서 학습자 자신이 필요한 단어를 써 넣고, 자신을 위한 회화 교재로 완성해 갈 수 있습니다. 또, 바로 교실에서 수업이 가능한 교재 구성으로 되어 있어 페어 워크, 그룹 워크, 발표 등 활동 스타일이 다양하므로 즐겁게 언어활동을 할 수 있습니다.
⑤ 문자 표기 : 읽기 어렵다고 생각되는 한자에는 후리가나를 달았습니다.
⑥ 진하게 표시된 글자 : 그 과의 화제를 말할 때에, 자주 사용되는 표현을 진하게 표시했습니다.

【 目次 】

チェックシート……………………………………………… 8

第1課　自己紹介で好印象をあたえよう ……………… 9

第2課　きっかけを語ろう ……………………………… 17

第3課　なくした体験を話そう ………………………… 25

第4課　町の様子を話そう ……………………………… 33

第5課　動きの順序を説明しよう ……………………… 41

第6課　スポーツのおもしろさを伝えよう …………… 49

第7課　言いかえて説明しよう ………………………… 57

第8課　比べて良さを伝えよう ………………………… 63

第9課　ストーリーを話そう …………………………… 71

第10課　最近の出来事を話そう ………………………… 79

第11課　健康について話そう …………………………… 87

第12課　将来の夢を語ろう ……………………………… 97

巻末資料…………………… 105

[チェックシート：各課でできるようになったこと]

できたかどうか自分でチェックしましょう。◎とてもよくできた ○よくできた △もうすこし ×できなかった

課	目標1	目標2	目標3
12課 将来の夢を語ろう	理由や背景とともに考えを説明する。	抽象的な表現を使いこなす。	自分やほかの人の価値観について知り、違いを認め合う。
11課 健康について話そう	因果関係を説明する。	社会的な話題を論理的に話す。	個人的な話題に配慮する。
10課 最近の出来事を話そう	出来事をわかりやすく伝える。	引用を効果的に使う。	感情を生き生きと伝えて共感を得る。
9課 ストーリーを話そう	展開がわかるようにストーリーを話す。	接続の表現を効果的に使う。	人の行為や行動に対するさまざまなとらえ方を理解する。
8課 比べて良さを伝えよう	比較しながら説明する。	場面に適した説明表現を使いこなす。	相手の気持ちを引きつける工夫をする。
7課 言いかえて説明しよう	ことばを言いかえて話す。	自動詞・他動詞を使い分ける。	相手が気持ちよく聞けるように工夫する。
6課 スポーツのおもしろさを伝えよう	複雑なことをわかりやすく説明する。	全体的なことから個別的なことへと話を進める。	ほかの人が感じているスポーツのおもしろさを知る。
5課 動きの順序を説明しよう	動作の流れを説明する。	順序を示すことばを使いこなす。	動作に対する感じ方の違いに気づく。
4課 町の様子を話そう	話の構成を考えて話題ごとに話す。	大勢の前で発表する場合の話し方を学ぶ。	相手の話に関心を持って聞いていることを示す。
3課 なくした体験を話そう	詳しく物の描写をする。	気持ちを加えて出来事を話す。	相手の気持ちを考えながら話を聞く。
2課 きっかけを語ろう	経緯をわかりやすく説明する。	間接的な質問の意味を理解する。	物事の決め方について理解を深める。
1課 自己紹介で好印象をあたえよう	自分を印象づける話し方をする。	場面に合った話し方をする。	相手に自分のことをよく知ってもらう。

ゴール ← → スタート

第1課
自己紹介で好印象をあたえよう

――――――【 目標 】――――――

1. 自分を印象づける話し方をする。

2. 場面に合った話し方をする。

3. 相手に自分のことをよく知ってもらう。

第1課：自己紹介で好印象をあたえよう

● **さあ 始めよう！**

今までにどんな場面で自己紹介をしましたか。そのときの話題や話し方を思い出してみましょう。

[場面]
・クラスで
・アルバイト先で
・ゼミの教授に
・ホームステイ先で
・サークルの仲間に
・面接試験で
・その他（　　）

[話し方]
・改まった感じでていねいに
・楽しくユーモアを交えて
・個性的に自分らしさを出して
・その他（　　）

[話題]
・将来の希望
・自分の性格
・趣味や好きなこと
・研究内容や専門分野
・自分の能力
・その他（　　）

● **何をどんな順序で**

1) 自己紹介では、場面に合わせて印象的な内容を話すことも重要です。次の自己紹介はどんな場面で話していますか。また、印象に残った内容に下線を引きましょう。

場面（　　）　① 面接試験などのように改まった堅苦しい雰囲気
　　　　　　② 少人数で和やかな親しみやすい雰囲気
　　　　　　③ 講演会などのように不特定多数の人がいる所
　　　　　　④ 一人だけの相手に対して

　わたしはアメリカから来たオッジーです。「へえ、アメリカのオッジーさんですか」って、よく笑われるんです。どうしてみんなが笑うのかよくわからなかったんですが、年を取った男の人のことを日本語で「お・じ・い・さん」って言うからだってやっとわかりました。
　でも、わたしはまだ20歳の若者です。あと50年ぐらいしたら、ちょうどいい名前になると思います。そのころにまた会えるといいですね。どうぞよろしく。

自己紹介で好印象をあたえよう：第1課

2) クラスで自己紹介するときに、あなたが話したい話題を下の表の①～⑭から選び、話したい順序を表に書きましょう。また、印象的な自己紹介にするためにどのように話せばいいか、工夫例を参考にして考えてみましょう。

順序	話題	印象的な話にするための工夫例	あなたの工夫
	① 名前	名前の意味や由来、あだ名、同名の有名人	
	② 国・出身地	有名な所、有名人、姉妹都市	
	③ 職業・身分		
	④ 来日の目的		
	⑤ 過去の来日経験	失敗談	
	⑥ 今住んでいる所		
	⑦ 趣味、余暇の過ごし方		
	⑧ 家族のこと		
	⑨ 自分の性格	長所、短所	
	⑩ 人からよく言われること	意外な面	
	⑪ 自分のイメージ	動物やアニメの登場人物などにたとえる	
	⑫ アピールできる能力　得意なこと		
	⑬ 困っていること		
	⑭ その他		

第1課：自己紹介で好印象をあたえよう

Step.1

● **どんなことばで** 1

自己紹介では、自分の性格について話すことがあります。どのように話せば自分らしさが伝えられるか考えてみましょう。

1）次の自己紹介は自分の悪い面も話していますが、どう思いますか。

> 僕は、一見冷たそうで暗い人間に見られがちなんですが、実は、とてもひょうきんなところもあるんです。うそだと思うなら、一度、僕と一緒にカラオケに行きませんか。きっと、印象ががらりと変わると思いますよ。

あなたの考えと同じものに○をつけましょう。
 a．自分の欠点は、ほかの人に言わないほうがいい。
 b．欠点は誰にでもあるから、少しくらいは言ってもいい。
 c．自分をよく知ってもらうためには、欠点も積極的に言ったほうがいい。
 d．その他（　　　　　　　　　　　　　　　　　　　　　　　　）

2）次の右と左のことばで、反対のイメージをもっているものを線で結んでください。いいイメージで使われることばには（＋）、よくないイメージで使われることばには（−）、どちらにも使われることばには（＋−）をつけてあります。

①（＋）	さっぱりした	・	・a（−）	神経質な
②（＋）	活発な	・	・b（−）	くよくよする
③（＋）	気さくな	・	・c（＋−）	のんびりした
④（＋）	粘り強い	・	・d（＋−）	おとなしい
⑤（＋）	おおらかな	・	・e（−）	あきっぽい
⑥（−）	せっかちな	・	・f（−）	気難しい
⑦（＋）	すなおな	・	・g（−）	しつこい
⑧（＋−）	楽天的な	・	・h（−）	強情な

3）次の①～⑧に当てはまることばを下のa～hから選んでください。

① 乗り物の中でお年寄りや赤ちゃんを抱いた人に席をゆずってあげる。（　）
② 初めて会った人にでも気軽に話しかけられる。（　）
③ 部屋はいつも散らかっていて、身なりにも気を配らない。（　）
④ ほかの人の意見を聞かず、自分の意見ばかり通そうとする。（　）
⑤ つまらないことに、すぐ腹を立てたり、どなったりする。（　）
⑥ 時間に正確で、何でもきちんとするのが好きだ。（　）
⑦ 約束したことや頼まれたことは、忘れずに最後まで必ずやる。（　）
⑧ ゲームで負けたり、悪い点を取ったりすると、とても悔しがる。（　）

> a．きちょうめんな　b．だらしない　c．社交的な　d．負けず嫌い
> e．協調性がない　f．責任感がある　g．怒りっぽい　h．思いやりがある

4）AとBの表現で違うところに下線を引きましょう。人の性格や印象を述べるとき、AとBのどちらを使ったほうがいいと思いますか。その理由も考えましょう。

（A）　　　　　　　　　　　　（B）
① わたしは我慢強いです。　↔　わたしはどちらかと言うと、我慢強いほうです。
② わたしは強情です。　↔　わたしは強情なところ（面）があります。
③ 慎重というより実行力に欠けています。　↔　よく言えば慎重ですが、悪く言えば実行力に欠けているとも言えます。
④ 気難しく見えます。　↔　気難しそうな感じがします。

5）自分で思っている性格とほかの人から言われる性格が違っていることがあります。表に書いて比べてみましょう。

自分で思っている性格	
ほかの人から言われる性格	

第1課：自己紹介で好印象をあたえよう

● **やってみよう** 1 [ペアワーク] [グループワーク]

1) 自分を印象づけるような自己紹介をやってみましょう。
   友だちの話を聞いたあとで、印象的だった内容について伝え合いましょう。

　　【友だちの名前】　　【話題】　　　　　　　　【印象的だった内容】

　1．(　　　)　[　　　　　　　]　→　[　　　　　　　　　　　　　　]

　2．(　　　)　[　　　　　　　]　→　[　　　　　　　　　　　　　　]

　3．(　　　)　[　　　　　　　]　→　[　　　　　　　　　　　　　　]

　4．(　　　)　[　　　　　　　]　→　[　　　　　　　　　　　　　　]

［あなたのことばメモ］

[　　　　　　　　　　　　　　　　　　　　　　　　　　　　　　　　　]

2) 自己紹介をして、どのように感じましたか。

● **話すこころ・聴くこころ** ●

　友だちの話を聞いて友だちのことがよくわかりましたか。(はい・いいえ)
　「いいえ」の人は、どうして伝わらなかったと思いますか。
　(内容が不十分だった・一般的な話だった・話し方がわかりにくかった・内容に興味がな
　かった・その他：　　　　　　　　　　　　　　　　　　　　　　　　　　　)
　自分の話をしてよくわかってもらえたと思いますか。(はい・いいえ)
　「いいえ」の人は、どうして伝わらなかったと思いますか。
　(自分らしさを伝える話ができなかった・話し方が下手だった・内容に興味を持ってもらえ
　なかった・その他：　　　　　　　　　　　　　　　　　　　　　　　　　　)
　自分のことをよく知ってもらうためには、ある程度の自己開示(ほかの人の知らない自分
　について話すこと)が必要です。あなたらしさを上手に伝えましょう。

自己紹介で好印象をあたえよう：第1課

Step.2

● どんなことばで ②
場面や目的によって、自己紹介の話題や話し方が異なります。

1) 次の面接の場面で話している話題をa～gから選んで、①～⑦の＿＿＿＿に書き入れましょう。また、面接の自己紹介にふさわしい表現に下線を引きましょう。

【話題】
① ＿＿＿＿＿　はじめまして。どうぞよろしくお願いいたします。
② ＿＿＿＿＿　私は、中国の上海から参りましたチンケンコウと申します。
③ ＿＿＿＿＿　日本の大学で経済学を勉強するために、4年前に来日いたしました。
④ ＿＿＿＿＿　現在、東都大学経済学部に在籍しております。
⑤ ＿＿＿＿＿　専門は国際経済で、開発援助問題に関心がありまして、開発途上国のために私の専門を生かせる仕事をしたいと考えております。御社ではそのような活動を行っていらっしゃると伺って、以前から関心を持っておりました。
⑥ ＿＿＿＿＿　私は、子どものころ、父の仕事の関係でいろいろな国で暮らした経験がありまして、日本語をはじめ英語、スペイン語、フランス語などを自由に話すことができます。
⑦ ＿＿＿＿＿　もし、御社に入社が許されれば、微力ながらこれまで学んできたことと語学力を生かして、がんばりたいと思います。また、日本の技術力を世界に広めた御社の優れた経営を学ばせていただきたいと考えております。どうぞよろしくお願いいたします。

```
a．名前と出身地   b．決意   c．あいさつ   d．経歴
e．志望理由   f．アピールしたいこと   g．身分
```

2) 面接の自己紹介で、聞き手に自分のことを印象づけるためには、話す内容だけではなく、表情や態度、話し方も重要です。次のことについて考えましょう。

第1課：自己紹介で好印象をあたえよう

1．どんな表情がいいですか。
　（にこにこしている・あまり表情を出さない・その他：　　　　　　　　　）
2．どんな態度がいいですか。
　（堂々としている・控え目な態度・その他：　　　　　　　　　）
3．どんな声の調子がいいですか。
　（明るく元気な声・低く落ち着いた声・その他：　　　　　　　　　）
4．どんな速さで話したらいいですか。
　（間をあけずどんどん話す・相手の表情を見ながらゆっくり話す・
　その他：　　　　　　　　　　　　　　　　　　　　　　　　　　　　）

● **やってみよう 2** 〔ペアワーク〕

次の場面での自己紹介を友だちとやってみましょう。一人は受験者、一人は試験官になり、専門分野や職種を具体的に決めてください。

　場面1．大学・大学院入試の場面　　　場面2．入社試験の場面

1）面接の自己紹介での話題と内容を考えてメモを作りましょう。
　場面の番号（　　　）

話　題	内　容
①	
②	
③	
④	
⑤	

2）試験官になった人は、気づいたことをアドバイスしましょう。

第2課
きっかけを語ろう

―――― [目標] ――――

1. 経緯をわかりやすく説明する。

2. 間接的な質問の意味を理解する。

　3. 物事の決め方について
　　　理解を深める。

第2課：きっかけを語ろう

● さあ 始めよう！

何かを始めるようになったとき、人と付き合うようになったときのことを思い出してみましょう。

・日本語に興味を持つようになったきっかけは何だったでしょうか。
・日本へ来ようと思ったのはなぜでしょうか。
・今の趣味を始めたきっかけは何だったでしょうか。
・親友と付き合うようになったきっかけは何だったでしょうか。

上にあげてある四つのこと以外に何か話せることはありませんか。

_____ようになったきっかけ

_____ようになったきっかけ

● 何をどんな順序で

何かを始めようと思ったときのことを話すとき、①以前の状況、②きっかけとなった出来事、③決めたときの気持ち、④今の気持ちなどを話すといいですね。

1) A～Dさんの日本に来たきっかけ、趣味を始めたきっかけを読んでください。①、②、③、④のどれについて話していますか。あてはまるものをすべて書きましょう。

Aさんが日本に来たきっかけ：（　　　　　　　　　）

　以前はホテルの受付の仕事をしていました。そのホテルは、日本人のお客様がとても多かったんです。当時、あいさつ程度の日本語は話せたんですが、もっと日本語ができたら仕事の幅も広がると考えました。国にも日本語の塾があるんですが、同じ勉強するんだったら、日本で勉強しようと思って来日を思い立ちました。

Bさんが日本に来たきっかけ：（　　　　　　　　　）

　知り合いに日本人と結婚している人がいるので、日本のことは身近に感じていました。ある日、日本企業の研修生を募集しているという案内を見つけたんです。それで応募してみました。運良く選ばれて、日本に来ることができたんです。

— 18 —

Cさんの趣味のきっかけ：（　　　　　　　　　）

　もともと家族のみんながクラシック音楽を聴くのが好きだったので、小さいころから音楽に親しんでいました。特にピアノの音が好きで、自分でも弾いてみたいと思って習い始めました。6歳のときから、ずっと続けているので、もう20年以上になります。ピアノを弾いていると、無心になれるのでストレス解消に最適です。習っていてよかったなと思います。

Dさんが奥さんと付き合うようになったきっかけ：（　　　　　　　　　　）

　妻は、わたしの友人の妹で、子どものころから知っていたんです。あるとき、町で偶然彼女に会いました。そのとき二人とも時間があったので、喫茶店に入ったんです。それまであまり二人でじっくりと話したことはなかったんですが、話してみると映画の好みや感じ方が同じで、意気投合したのがきっかけと言えばきっかけと言えるかもしれませんね。

2）次の①～④にあたる文をa～gから選んで書いてください。

① 以前の状況を述べる。（　　　　　　　）
② きっかけとなった出来事を述べる。（　　　　　　　）
③ 決めたときの理由・決めたときの気持ちを述べる。（　　　　　　　）
④ 今の気持ちを述べる。（　　　　　　　）

---

　a．自分の絵によって子どもたちが感動してくれたらどんなにすばらしいことだろうと思って漫画家を目指しました。
　b．あるとき、突然引ったくりにあったんです。
　c．友だちに一緒に行ってみないかと誘われたんです。
　d．きっかけというほどのきっかけはありません。
　e．反対を押し切って、決めました。
　f．まさか自分でもここまでやるとは思っていませんでした。
　g．もともと彼とは妙に気が合ったんです。

第2課：きっかけを語ろう

Step.1

● どんなことばで ①

1) きっかけについて述べている文です。左の文と右の文を結んでください。答えは一つとは限りません。

① そもそも園芸を始めた**きっかけは、**　　　　・　　　　・a ワールドカップのアジア予選でした。

② 父が日本に出張することが多くて、CDや本がうちにたくさんあったんです。　　　　・　　　　・b 一戸建てに住むようになって、生まれてはじめて自分の庭を持てた**ことからでした。**

③ 環境問題に興味を持ち始めたのは、　　　　・　　　　・c 日本企業の研修生を募集しているという案内を見つけたんです。

④ **最初は**母に勧められて始めました。　　　　・　　　　・d ガイド募集っていう記事が載っていたんです。

⑤ **たまたま**読んでた雑誌に　　　　・　　　　・e それで何となく日本の文化に興味を持っていました。

⑥ **ある日、**大学の掲示板を見ていたら、　　　　・　　　　・f ある本がきっかけでした。

⑦ サッカーに興味を持つようになった**きっかけは、**　　　　・　　　　・g 自分ではそれほど熱心ではありませんでした。

2) 以前の状況について述べている文です。例のように過去の時点を示すことばに下線を引きましょう。

例：<u>以前は</u>日本の企業で仕事をしていました。日本人の同僚も何人かいて簡単な日本語を教えてもらったんです。

① 父も母もゴルフが好きだったので、小さいころからゴルフ場に連れて行ってもらっていました。
② 幼いころから絵を書くことが大好きで、絵を書いていると時間のたつのも忘れてしまうほどでした。
③ 祖母も母も編み物が得意で、物心がついたころには編み物に興味を持っていたんです。

きっかけを語ろう：第2課

3) 自分のきっかけについて話すときに使えそうなことばを書きましょう。
[あなたのことばメモ]

● **やってみよう** 1　ペアワーク

1) 何かを始めるようになったり、だれかと付き合うようになったきっかけを思い出して、話してみましょう。なるべくいろいろ話すことができる話題を選びましょう。
　　＿＿＿＿＿＿＿＿＿＿＿＿＿＿＿＿＿ようになったきっかけ：

① 以前の状況	
② きっかけとなった出来事	
③ 決めたときの気持ち	
④ 今の気持ち	
⑤ その他	

2) 聞いている人はメモをとりましょう。

（　　　　　　）さんの（　　　　　　　　）きっかけ

3) 友だちと話してみて、どう思いましたか。

● **話すこころ・聴くこころ** ●

友だちの物事の決め方について、何か気づいたことがありますか。
　（自分の考えを大切にして決めるほうだ・感覚的に決めるほうだ・周囲に合わせて決めるほうだ・その他：　　　　　　　　　　　　　　　　　　　　　　　　　　　　　　　）

自分はこれまでどうやって物事を決めてきたと思いますか。
　（自分の考えを大切にして決めるほうだ・感覚的に決めるほうだ・周囲に合わせて決めるほうだ・その他：　　　　　　　　　　　　　　　　　　　　　　　　　　　　　　　）

物事の決め方にもいろいろありますね。自分と違う決め方をする人のことも理解し、尊重できるといいですね。

第2課：きっかけを語ろう

Step.2

● どんなことばで 2

きっかけについての話は個人的(こじんてき)なことを話すことも多いので、聞きたいことを直接的(ちょくせつてき)に聞くのは失礼な感じがすることもあります。

1）個人的なことを間接的(かんせつてき)に聞いたり、間接的な質問に答えたりする練習をしましょう。
　　次の会話を見てください。
　　A1：「お住まいは？」
　　B1：「〇〇に住んでいます。」
　　A2：「えっ、ずいぶん学校からは遠いですね。」
　　B2：「はい、そうなんです。」
　　A3：「ふーん・・・」

　B2のような答え方では話が続きませんね。A2のような質問は、「もっと詳(くわ)しく話して！」のサインです。個人的な質問をするとき、このような間接的な聞き方をすることが多いです。（どうしてそんなところに住んでいるの？）ということを聞いている場合もあるのです。次のように答えると話が続くかもしれません。

例　B2：「ええ、親戚(しんせき)が住んでいるので、ちょっと学校からは遠いんですが、
　　　　　〇〇に住んでいるんです。」

2）次の1～3は間接的な質問を含(ふく)んだことばの例です。Aさんは何についてもっと詳しく聞きたかったのでしょうか。Aさんの発話の意味をいろいろ考えてみましょう。

1．A：「ご兄弟は？」
　　B：「います。」
　　　聞きたいこと（　　　　　　　　　　　　　　　　　　　　）
2．A：「お仕事は？」
　　B：「日本語教師をしているんです。」
　　A：「へえー、珍(めずら)しいお仕事ですねえ。」
　　B：「ええ。」
　　　聞きたいこと（　　　　　　　　　　　　　　　　　　　　）

3．A：「趣味は何ですか。」
　　B：「ハンググライダーです。」
　　A：「わあ、おもしろそうなご趣味ですね。」
　　B：「はい、おもしろいです。」
　　　　聞きたいこと（　　　　　　　　　　　　　　　　　　　）

3）間接的な質問をしたり、答えたりする練習をしてみましょう。（　）は聞きたいことです。どう言ったらいいでしょうか。

1．（いくらだった？）　　　→

2．（何歳ですか）　　　　　→

3．（結婚していますか）　　→

4．（その指輪自分で買ったの？）　→

4）次の質問に答えてください。想像力を使って答えてみましょう。

1．えっ、お子さんがいらっしゃるんですか。離れて暮らすのは大変でしょうね。

2．虫を飼うのがご趣味なんですか。ずいぶん珍しいですね。

3．お二人は飛行機の中で知り合ったんですか。そんなこともあるんですね。

第2課：きっかけを語ろう

● やってみよう 2 ペアワーク

下の1～3の相手から一人選んで、住んでいる所、研究や趣味を始めたきっかけ、家族のことなどについて個人的な話を聞いてみましょう。失礼にならないように、間接的に質問をしてください。

1．旅先で知り合ったお年寄り

2．バスで偶然一緒になったゼミの教授

3．仕事帰りの飲み屋で隣に座った先輩

聞きたいこと	間接的な質問
①	
②	
③	

第3課
なくした体験を話そう

――――――[目標]――――――

1. 詳しく物の描写をする。

2. 気持ちを加えて出来事を話す。

 3. 相手の気持ちを考えながら話を聞く。

第3課：なくした体験を話そう

● **さあ 始めよう！**
　何か落としたりなくしたりした経験がありますか。思い出しましょう。
どんなものをなくしたり落としたりしましたか。
　（　　　　　　　　　　　　　　　　　　　　　　　　　　　　　　）
なくしたり落としたりしたあと、どうしましたか。
　（　　　　　　　　　　　　　　　　　　　　　　　　　　　　　　）

● **何をどんな順序で**
　a～mの文は話題①～⑥のどれにあてはまりますか。表に記号を書いてください。答えは一つとは限りません。

---
a．ボストンバッグ／ショルダーバッグ／デイバッグ
b．旅行に行ったときのことなんです
c．駅の切符売り場で／デパートの人ごみで
d．警察から届けられたと連絡が来た
e．急いで電車に乗ろうとしていた
f．デパートの店員に話してサービスカウンターに行った
g．海外旅行のお土産の赤い財布／三つ折りの財布
h．夏休みのことです
i．警察に届けた／駅員に聞いて遺失物係へ行った
j．見つかったと連絡があった／遺失物係に届けられていた
k．デパートで荷物をたくさん持って歩いていて
l．気がついたのは飛行機が飛び立ったあとだったんです
m．足元に置いてあった

話　題	内　容
① なくしたとき・なくした状況	
② なくした場所	
③ なくした物・なくした物の描写	
④ 気づいたときの状況	
⑤ なくしたあとの行動	
⑥ 結果の説明	

　「さあ 始めよう！」で思い出したことについて、どんな順序で話すとわかりやすいでしょうか。話題①～⑥の順序を考えましょう。話す順序はいろいろ考えられます。

　話す順序（　　）→（　　）→（　　）→（　　）→（　　）→（　　）

Step.1

● どんなことばで 1

1) なくしたものについて、警察に届けるとき、詳しく説明する必要があります。①〜
④の説明を読んで、次のページのa〜dのどの絵と合うか選び、その記号を書きま
しょう。

例：大きさ・サイズ
（ d ）幅は5センチほどです。
（ b ）縦35センチ、横25センチぐらいの大きさです。
（ a ）教科書が何冊か入るぐらいの大きさです。
（ c ）重さは500グラムぐらいです。

① 形と種類
（　　）手提げタイプです。
（　　）四角い封筒です。
（　　）楕円形の包みです。
（　　）三角形です。

② 色と模様
（　　）無地です。
（　　）花柄です。
（　　）水玉模様です。
（　　）チェックです。

③ 材質
（　　）ビニール製
（　　）布製
（　　）皮製
（　　）紙

④ 中身
（　　）ノート、経済学の本が入っています。
（　　）化粧品と財布が入っています。
（　　）洋服とお菓子が少し入っています。
（　　）書類と手紙が入っています。

a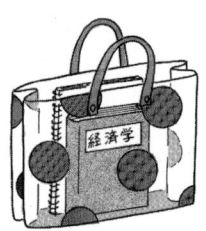

c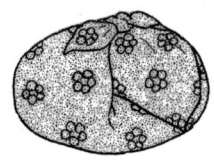

b

d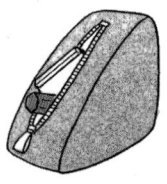

[あなたのことばメモ]

2）気持ちを表すことば
　物をなくしたときやそれが見つかったときの状況（左）と、そのときの気持ち（右）を線で結びましょう。答えは一つとは限りません。

① 母の形見の指輪をなくしてしまい　　　　・　・a 血の気が引くような気持ちでした。
② 空港でパスポートを家に忘れた　　　　　・　・b ほっと胸をなでおろしました。
　　ことに気がついて　　　　　　　　　　　・　・c 全身の力が抜けたような気持ち
③ 箱に入れておいた婚約指輪がなくて　　　・　　 でした。
④ 免許証とキャッシュカード入りの　　　　・　・d きつねにつままれたような気持ちで
　　財布がなくなって　　　　　　　　　　　　　 した。
⑤ 足元に置いてあったかばんがいつ　　　　・　・e なんで、どうしてという気持ち
　　の間にかなくなっていて　　　　　　　　　　 でした。
⑥ 信頼していた友だちに恋人をとられて　　・　・f 涙が出るほどうれしかったです。
⑦ 電車に忘れたかばんが戻って来て　　　　・　・g 心配で夜も眠れませんでした。
⑧ 亡くなった父にもらった時計が大　　　　・　・h 突然平手打ちをくらったような気が
　　掃除のとき見つかって　　　　　　　　　　　 しました。

なくした体験を話そう：第3課

　落とし物や忘れ物をしたとき、またそれが見つかったときどんな気持ちになったでしょうか。そのときの気持ちも伝えると相手によくわかってもらえます。気持ちを表すことばはそのほかにも次のようなものがあります。

驚き	驚きました／ショックでした／がく然としました
悲しみ	悲しかったです／涙が出そうな
心配	食べ物がのどを通らなかった
喜び	うれしかった／飛び上がるほど

● やってみよう 1

1）なくした物について思い出してメモを書きましょう。

話　題	メ　モ
① なくしたとき・なくした状況	
② なくした場所	
③ なくした物・なくした物の描写	
④ 気づいたときの状況	
⑤ なくしたときの気持ち	
⑥ なくしたあとの行動や気持ち	
⑦ 結果とそのときの気持ち	

2）友だちに物をなくした体験について、詳しく説明しましょう。次の例を参考にしてそのときの気持ちも入れて話しましょう。聞いている人は友だちがなくした物の絵を書いて、確認してもらいましょう。

第3課：なくした体験を話そう

時計をなくした場合の例（番号は、話題番号を表しています）

①②友だちと浅草へお祭りを見に行ったときのことなんです。いろいろな店を見ている間に、③父からもらった金の鎖付きの大切な時計をなくしてしまいました。①お祭りとあって、駅も町も大変混雑していました。④お土産を買って、そろそろ帰ろうかと思い、時間を見ようとして時計がないことに気がつきました。⑤悲しくて涙が出そうな気持ちでした。⑥急いで駅前の交番に届けに行きました。⑦すると、親切な人が拾って届けてくれていました。飛び上がるほどうれしかったです。受け取りのサインをして時計を返してもらい、お礼を言って帰りました。

友だちがなくした物の絵

3) 友だちと話して、どう感じましたか。

● **話すこころ・聴くこころ** ●

- 友だちの話を聞いてどんなことを感じましたか。
  （かわいそうだ・何とかしてあげたい・たいしたことじゃないと思った・
  その他：　　　　　　　　　　　　　　　　　　　　　　　　　　　　）
- 友だちに自分の経験を話して気持ちをわかってもらえたと思いますか。（はい・いいえ）
  「いいえ」の人は、どうしてでしょうか。
  （気持ちを伝えることばや表現が不十分だった・友だちは何も言ってくれなかった・感じ方
  が違った・その他：　　　　　　　　　　　　　　　　　　　　　　　）
- 友だちが困ったり悲しんだりしているとき、その人の気持ちになって聞いてあげることが
  大切ですね。

Step.2

● **どんなことばで 2**

なくした物の届(とど)け出のときの表現を勉強しましょう。

	話　題	表　現
な く し た 人 の 表 現	① 切り出し	・あのう、すみません、〜を落としてしまったんですが ・忘れ物をしたんですが／なくしてしまったんですが
	② 日時	・いつかよくわからないんですが ・たぶん〜ごろじゃないかと思うんですが
	③ 場所	・よくわからないんですが ・〜で気がついたらなかったんです ・たぶん、〜で〜と思うんですが ・〜じゃないかと思うんですが ・○○行きの電車／網棚(あみだな)に／座席(ざせき)に／手すりに
	④ なくした物	携帯(けいたい)電話　キャッシュカード　パスポート 外国人登録証(とうろくしょう)　〜の書類入れ(しょい)
	⑤ まとめ	・大切なものです。よろしくお願いします。 ・お手数(てすう)おかけしますが、よろしくお願いいたします。
受 け 付 け た 人 の 表 現	⑥ 手続(てつづ)き	・連絡先(れんらくさき)（住所／氏名／電話番号）を教えてください。 ・この書類に必要事項(ひつようじこう)を記入(きにゅう)してください。 ・紛失(ふんしつ)した状況(じょうきょう)、内容(ないよう)について教えてください。
	⑦ 対処方法(たいしょほうほう)の説明	・悪用(あくよう)される恐(おそ)れがあるので、クレジットカード会社／銀行／郵便局(ゆうびんきょく)にすぐ連絡(れんらく)してください。停止(ていし)の手続きをとってもらってください。 ・警察(けいさつ)に遺失届(いしつとどけ)を出してください。

第3課：なくした体験を話そう

交番に落とした物を届け出る場面の会話です。（　）の中に、前のページから適当な表現を選んで、その話題の番号を書いてください。

【交番で】

Aさん：（　）。
警察官：いつ、どこでなくしたんですか。
Aさん：（　）、たぶん電車の中だと思います。
警察官：今のところ届いていませんね。じゃあ、こちらの遺失届に名前と住所、紛失物の内容、状況を記入してください。
Aさん：はい。
警察官：なくなったのは財布でしたね。どんな財布ですか。
Aさん：縦長で、白と黒のチェックの皮の財布です。
警察官：ああ、そう。財布の中にはお金と何が入っていますか。
Aさん：（　）、それと、お金が2,000円ぐらい入っています。
警察官：はい、わかりました。（　）。クレジットカードも入っていたんなら、（　）。
　　　　はい、じゃあ、これで結構ですよ。届いたら連絡します。
Aさん：（　）。

● やってみよう 2　ペアワーク

「何をどんな順序で」や「どんなことばで」で練習したことばや表現を使って、次のような場面で役割を決めて、ロールプレイをしてみましょう。

場面1　交番に行って、自分が落とした物について届け出をする。

場面2　銀行に電話をして／クレジットカード会社に電話をして、カードを停止するための手続きをする。

第4課
町の様子を話そう

――――【 目標 】――――

1. 話の構成を考えて問題ごとに話す。

2. 大勢の前で発表する場合の話し方を学ぶ。

　3. 相手の話に感心を持って聞いていることを示す。

第4課：町の様子を話そう

● **さあ 始めよう！**

友だちのふるさとは、どんなところだと思いますか。
（　　　　　　　　　　　　　　　　　　　　　　　　　）

友だちのふるさとについて、どんなことを知りたいですか。
（　　　　　　　　　　　　　　　　　　　　　　　　　）

● **何をどんな順序で**

1）ふるさとについて話すとき、次の話題についてよく話しますが、どんな構成で話せばいいでしょうか。（　）に番号を入れましょう。

> ① 地名　② 雰囲気　③ 人口・人口構成　④ 気候　⑤ 地形　⑥ 歴史　⑦ 位置
> ⑧ 好きな場所・ふるさとでの経験や思い出　⑨ 産業・有名なもの

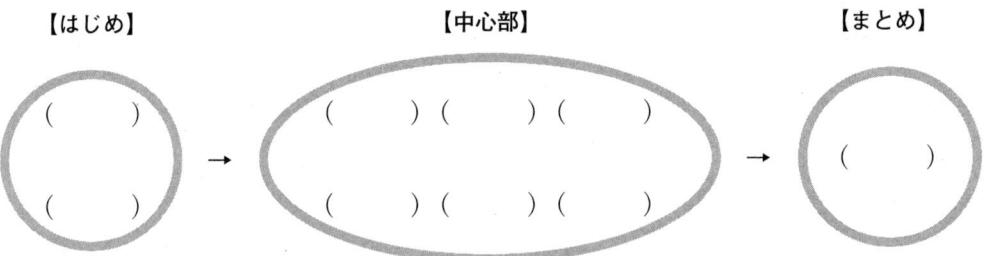

Step.1

● **どんなことばで** 1

1）次の1～5の話題について話している文の（　　）にa～kから適当なことばを選んで書きましょう。自分のふるさとを説明するときに使えそうな表現に下線を引きましょう。

1．町の位置
・大阪は京都と神戸の間にある日本（　　　）の大都市です。
・岡山県は広島県の東に、神戸のある兵庫県の西にあります。
・横浜は首都の東京から電車で30分ぐらいのところです。

— 34 —

町の様子を話そう：第4課

2．人口・人口構成
　・この地域は外国人が多く住んでおり、全体の20％を（　　　）います。
　・この町には、60万人ぐらいの人が住んでいます。

3．気候
　・瀬戸内地方は温暖な（厳しい・熱帯・亜熱帯・寒帯）気候です。
　・一年中（　　　）暖かいですが、雨季と乾季があります。
　・四季があり、自然に（　　　）いるので、美しい季節の変化が見られます。

4．産業・有名なものなどの特徴
　・そこは、観光の町として（　　　）います。また、おいしいワインで（　　　）です。
　・わたしのふるさとは、農業がさかんなところです。
　・町の中心からバスでも車でも電車でも簡単に行けて、（　　　）がいいです。

5．経験や思い出
　・子どものころは、よく川で魚をつかまえたものです。
　・ふるさとの山で見た夕日は、決して忘れられません。（　　　）よく思い出します。
　・ふるさとの海の青さは、（　　　）美しいと思います。

---

a．知られて　b．恵まれて　c．占めて　d．どこよりも　e．有名
f．もの　g．第二　h．比較的　i．交通の便　j．今でも　k．さかん

第4課：町の様子を話そう

2）次のイラストを説明していることばをa～fから選んで、（　）に記号を書きましょう。

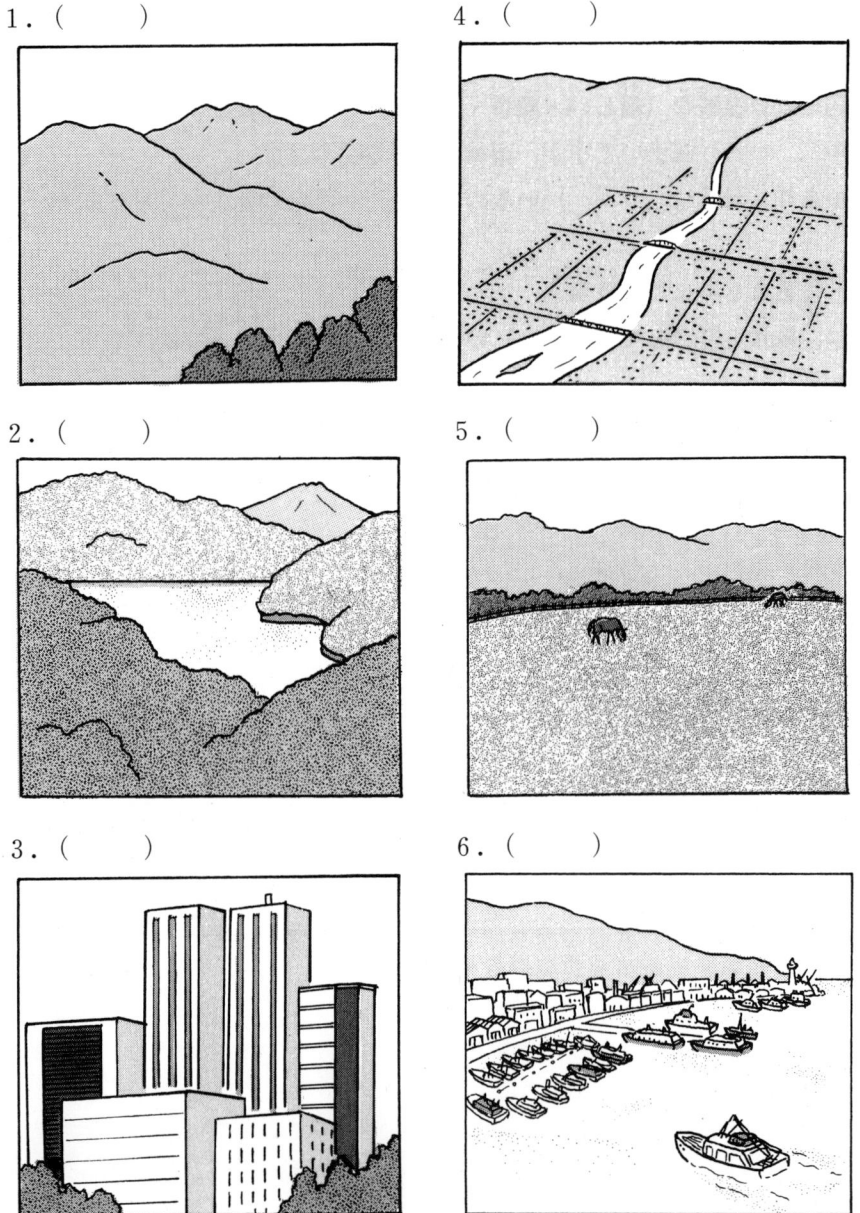

1. (　　)
2. (　　)
3. (　　)
4. (　　)
5. (　　)
6. (　　)

a．山に囲まれた湖　b．高層ビルが立ち並ぶ近代的な町
c．草原・牧草地が広がっているのどかな田園地帯　d．山々が連なっている
e．町の中心を大きな川が流れている　f．海に面している港町

町の様子を話そう：第4課

3）左と右とが同じ意味のことばになるように線で結んでください。

① 特別に変わったものがない町　　　・　　　・a　人々の憩いの場
② 昔と同じような感じの町　　　　　・　　　・b　活気のある町
③ 人々がリラックスする公園など　　・　　　・c　何の変哲もない町
④ 店などが立ち並び、雑然として　　・　　　・d　閑静な住宅地
　　いる町
⑤ お城（焼き物産業・炭鉱）を　　　・　　　・e　昔ながらの雰囲気の町
　　中心とした町
⑥ 人々の生き生きとした生活が　　　・　　　・f　ごみごみした繁華街
　　感じられる町
⑦ 静かで住みよい雰囲気の家が　　　・　　　・g　城下町
　　集まっている所　　　　　　　　　　　　　　（焼き物の町・炭鉱の町）

[あなたのことばメモ]

● やってみよう 1　［ペアワーク］

1）ふるさとについて、下の例を参考にしてメモを作り、そのあと、友だちにふるさとの紹介をしてください。

岡山の紹介（①～⑨は、「何をどんな順序で」の話題番号を表しています）

　①わたしのふるさとは岡山です。⑦岡山は、日本の西部、中国地方にある地方都市です。
　③岡山市の人口は約60万人で、中程度の地方都市です。⑤瀬戸内海という海に面していて、北側には山があり、自然に恵まれています。④そのため、気候は温暖で、一年中比較的暖かいです。⑥②江戸時代に造られた岡山城を中心とした城下町なので、落ち着いた雰囲気があり、岡山城の隣にある後楽園という公園は、緑に囲まれており、人々の憩いの場になっています。②岡山駅を中心とした市街地には、商店街が立ち並び、活気がありますが、郊外には、閑静な住宅地もあり、生活する

第4課：町の様子を話そう

にも便利なところです。⑨岡山は商業も農業もさかんで、特に果物で有名です。また、海に面しているので、おいしい魚も食べられます。町の中心を旭川という川が流れていて、水が豊富なので、ビール工場や精密機械工場も川の近くにあって、大切な産業の一つになっています。

　⑧子どものころは、この川の川原でよく遊んだものです。川の水が少ないときは、川の中に入って魚を網で取ったりしましたし、川の水が多いときには、ボートに乗って遊んだりしました。子どものころの思い出には、いつも川の風景があって、私の大切な思い出の場所でもあります。

ふるさと紹介のメモ

話題	内容
1.	
2.	
3.	
4.	
5.	

町の様子を話そう：第4課

2）友だちが話した話題と内容についてメモを取り、聞いたあとで例のように感想や興味を持ったことを伝えましょう。

　　例：○○さんにとって、ふるさとは大切なところなんですね。
　　　　ふるさとに帰ると、きっと落ち着くんでしょうね。

友だちの名前：　　　　　　　　　ふるさと：
　　　【　話　題　】　　　　　　　　【　内　容　】

1.	→
2.	→
3.	→
4.	→
5.	→

3）友だちと話をして、どう思いましたか。

● **話すこころ・聴くこころ** ●

友だちに自分がよく聞いていたことを伝えられましたか。（はい・いいえ）
「はい」の人は、どうしてそう思いましたか。
（うなずいていた・相手の目を見て聞いていた・メモをとりながら聞いていた・感想を伝えた・その他：　　　　　　　　　　　　　　　　　　）

友だちは自分の話をよく聞いてくれたと思いますか。（はい・いいえ）
「はい」の人は、どうしてそう思いましたか。
（うなずいていた・自分の目を見て聞いていた・メモをとりながら聞いていた・感想を言ってくれた・その他：　　　　　　　　　　　　　　　　　　）
「いいえ」の人は、どうしてそう思いましたか。（　　　　　　　　　　　　　　　）

楽しいコミュニケーションにするためには、まず、友だちの話をよく聞くことが大切です。
そして、そのとき感じたことを友だちに伝えることも大切ですね。

第4課：町の様子を話そう

Step.2

● どんなことばで ②

　少人数で話す場合と、大勢の前で話す場合は、話し方が変わります。ていねいに話すだけでなく、いつもの話に切り出しのことばと終わりのことばを付け加えて、少し改まった話し方をします。たとえば、ふるさとについて大勢の前で話すときは、次のようなことばで話すといいでしょう。

・切り出しのことば：今日はわたしのふるさとについてお話ししようと思います。 ・終わりのことば　：○○は、とてもいいところです。 　　　　　　　　　　皆さんもどうぞ一度遊びに来てください。

● やってみよう ② 　発表

　ペアで話しているとき、とても上手だった相手を発表者に推薦してください。推薦された人は、みんなの前で発表してください。聞いている人は、印象に残った内容をメモしましょう。

発表者	国、地名	印象に残った内容

第5課
働きの順序を説明しよう

―――― | 目標 | ――――

1. 動作の流れを説明する。

2. 順序を示すことばを使いこなす。

 3. 動作に対する感じ方の違いに気づく。

第5課：動きの順序を説明しよう

● さあ 始めよう！

決まった順序で連続して体を動かすことがあります。また、道具や器具を使って体を動かすこともあります。それぞれの例を考えてみましょう。

・決まった順序で体を動かす例： 盆踊り（　　　　　　　　　　　　　　）
・道具を使って体を動かす例　： スキー（　　　　　　　　　　　　　　）

● 何をどんな順序で

連続した動作の始めから終わりまでの流れがよくわかるように伝えるには、どのように話せばいいでしょうか。「肩こりを治す運動」について動作の流れを考えてみましょう。

①（　　）いすに深く腰掛けて、背中をぴんと伸ばしましょう。
②（　　）両手の指を組んで、手のひらを外側に向け、腕を前の方に伸ばします。
③ このとき、頭を下げて、肩甲骨を広げるようにしてください。
④（　　）頭をゆっくり起こしながら、伸ばした手を頭の上まで上げます。
⑤ このとき、ひじを曲げないで、大きく円を描くようにするといいです。
⑥ そこで、組んだ指を外して、左右にすとんと下ろします。
⑦（　　）両肩を同時に持ち上げて、すとんと落とします。
⑧ これを2～3回くり返してください。
⑨（　　）手や肩の力を抜いて、深呼吸をしましょう。
⑩ 目を閉じて運動をすると、気持ちが落ち着きます。

1）次のa～eは、話の順序を表すことばです。上の①～⑩の「肩こりを治す運動」の説明の（　）に入れてください。答えは一つとは限りません。

　　a．次に　b．それから　c．最後に　d．まず　e．そして

2）連続した複雑な動きを説明する場合は、A準備、B中心となる動き、C注意することを意識して伝えるようにすると、相手によくわかってもらえます。「肩こりを治す運動」の①～⑩をA、B、Cに分けて、表のあてはまる欄に○を書きましょう。

	①	②	③	④	⑤	⑥	⑦	⑧	⑨	⑩
A．準備										
B．中心となる動き										
C．注意すること										

動きの順序を説明しよう：第5課

Step.1

● どんなことばで 1

体の部分や動き、動かし方などを表すことばを覚えましょう。

1) イラストの（　）に、その部位を表すことばを例のように下から選んで入れてください。

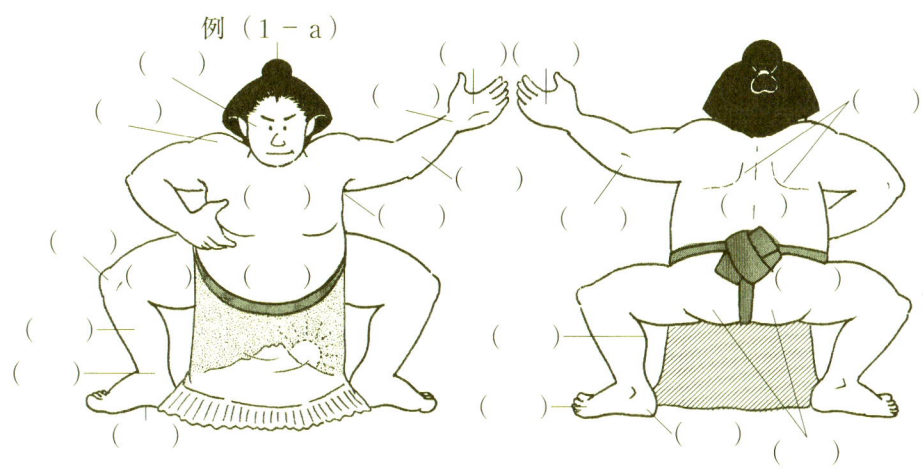

例（1－a）

体の部位を表すことば

1.体	a. 頭　b. 顔　c. 肩　d. 胸　e. 腹　f. 肩甲骨　g. 背中　h. 腰　i. 尻
2.手	a. 手のひら　b. 手の甲　c. 手首　d. 腕　e. ひじ　f. 脇
3.足	a. もも　b. ひざ　c. すね　d. ふくらはぎ　e. 足首　f. かかと　g. 土踏まず　h. つま先

― 43 ―

第5課：動きの順序を説明しよう

2）知っていることばに○をつけ、わからない動きは友だちにやってもらいましょう。

動きを表すことば

上げる⇔下ろす、曲げる⇔伸ばす、組む⇔外す、広げる⇔縮める、浮く⇔沈む、立ち上がる⇔しゃがむ、反らす⇔丸める、仰向けになる⇔うつぶせになる つかまる、握る、ける、振る、止まる、かかえる、こぐ、引きよせる、起こす、はい上がる、持ち上げる

動かし方などを表すことば

前に、後ろに、前後に、横に、左右に、斜めに、〜側に、交互に、一往復

● やってみよう 1　グループワーク　　　　［別冊資料5−1使用］

「腰痛を治す運動」のやり方をわかりやすく説明しましょう。

「腰痛を治す運動」の説明表

タイトル	A．準備	B．中心となる動き
例 （ 散歩 ）	① プールの中で、背中を伸ばして立つ。	② ももを高く上げる。 ③ 腕を振る。 ④ 一往復して止まる。
1. （　　）	① 背中を水につけて、上を向いて＿＿＿＿＿。	② 両ひざをかかえて、底に＿＿＿＿＿。 ③ 底に着いたら、足でけって、＿＿＿＿＿。
2. （　　）	① 腕を伸ばして、両手でプールサイドに＿＿＿＿＿。	② 壁に沿って、つま先で＿＿＿＿＿。 ③ 水面近くで、ひざと腰を＿＿＿＿＿。

動きの順序を説明しよう：第5課

3. (　)	① 腕を＿＿＿＿＿て、両手でプールサイドにつかまる。	② ひざを＿＿＿＿＿て、つま先を壁につける。 ③ お尻を左右に＿＿＿＿＿。
4. (　)	① 浮き板を両手に持つ。	② 両手を左右に＿＿＿＿＿。 ③ 顔を水につけて、＿＿＿＿＿。 ④ 片足ずつ胸に＿＿＿＿＿たり伸ばしたりする。
5. (　)	① 浮き板を両手に持って、＿＿＿＿＿て浮く。	② 両手を水中に下げ、両ひざを胸に近づけて体を＿＿＿＿＿。 ③ 頭を後ろに＿＿＿＿＿て、背中で浮く。

1）まず、イラストa～eから1枚選んでください。次に、そのイラストの動きを「腰痛を治す運動」の説明表1～5から探します。そして、下の「動きを表すことば」の同じ番号のところから適当なことばを選んで、説明表の＿＿＿＿部分に例のように書きましょう。

動きを表すことば

```
例　　上げる　　　伸ばす　　　振る
1.　沈む　　　　立ち上がる　　浮く
2.　伸ばす　　　はい上がる　　つかまる
3.　曲げる　　　振る　　　　　縮める
4.　浮く　　　　広げる　　　　引きよせる
5.　起こす　　　反らす　　　　うつぶせになる
```

2）それから、イラストの動きを表すタイトルをa～fから選び、「腰痛を治す運動」の説明表の（　　）に書きましょう。

```
a．壁登り　b．自転車こぎ　c．底けり
d．フラダンス　e．裏表　f．散歩
```

第5課：動きの順序を説明しよう

3）最後に、イラストの動きをほかのグループに説明してください。イラストを見せながら、順序を表すことば（p.42）を使って運動の流れがよくわかるように話しましょう。

「散歩」の動きの説明例

> 「散歩」の運動について、説明します。
> まず、プールの中で、背中を伸ばして立ってください。
> 次に、ももをできるだけ高く上げて、腕を大きく振って歩きます。
> プールの端まで歩いて行ってください。
> そして、プールを一往復したら、止まってください。

「　　　」の動きの説明

Step.2

● どんなことばで 2

「自転車に乗る」には、自転車を操作するための連続した体の動きが必要です。乗り方の説明をするとき、どんなことばが必要でしょうか。

1）自転車の部品の名前をイラストの（　　）に書き入れてください。

a．ペダル	e．車輪
b．ハンドル	f．ブレーキ
c．サドル	g．荷台
d．スタンド	h．呼び鈴

① (　) ② (　)
③ (　)
④ (　)
⑤ (　)
⑥ (　)
⑦ (　)
⑧ (　)

— 46 —

2）自転車の乗り方を説明することばになるように、左と右を線で結んでください。

① ハンドルを ・　　　　　　　　・a 片足でける
② スタンドを ・　　　　　　　　・b またがる
③ ペダルに ・　　　　　　　　・c かける
④ 地面を ・　　　　　　　　・d 外す
⑤ 重心を ・　　　　　　　　・e 交互に踏む
⑥ サドルに ・　　　　　　　　・f 足をかける
⑦ ペダルを ・　　　　　　　　・g ペダルの足に移す
⑧ ブレーキを ・　　　　　　　　・h 握る

3）自転車に乗るとき、注意することやうまく乗れるコツをa～fの表現を使って、書いてみましょう。（　）にはa～fの記号を入れてください。答えは一つとは限りません。

```
a．～のは避けてください        d．～ように気をつけましょう
b．～ばうまくいきます          e．～のがコツです
c．必ず～てから、～てください  f．～ときに、～ようにしてください
```

1．乗る・荷物が落ちない　　　　→　（　）_____
2．バランスを崩さない　　　　　→　（　）_____
3．はじめは、ゆっくりこぐ　　　→　（　）_____
4．ハンドルをまっすぐにしておく→　（　）_____
5．鍵をかける・離れる　　　　　→　（　）_____
6．急ブレーキをかける　　　　　→　（　）_____

第5課：動きの順序を説明しよう

● **やってみよう 2** ペアワーク グループワーク

1)「自転車の乗り方」の説明を二人で考えましょう。一人は順序を表すことばを使って乗り方を説明し、もう一人は注意することやうまく乗るコツがあれば付け加えてください。

順序の ことば	乗り方 (準備・中心となる動き)	注意すること

2) 順序のある連続した動きについて、友だちに話してみましょう。説明が難しいときは、動作も一緒にやりましょう。

　　例：ボートこぎ、スキー、サーフボード、ダンス、太極拳、ヨガ

[あなたのことばメモ]

3) 動きの説明をして、どうでしたか。

● **話すこころ・聴くこころ** ●

友だちの説明で理解するのに役に立ったことはありましたか。（はい・いいえ）

「はい」の人はどんなことですか。

（全体の流れを説明してくれた・動きを実際にやってくれた・注意することを話してくれた・その他：　　　　　　　　　　　　　　　　　　　　　　　　　　　　　　）

動きの説明をするとき、その動きも一緒にしてどうでしたか。

（楽しかった・人前で体を動かすのが恥ずかしかった・やりたくない動きがあった・その他：　　　　　　　　　　　　　　　　　　　　　　　　　　　　　　　　）

説明と一緒に動作をしてみることは、理解の助けになります。しかし、人の前で体を動かすことは、楽しいと感じる人も恥ずかしく思う人もいることを心に留めておきましょう。

第6課
スポーツのおもしろさを伝えよう

――――――[目標]――――――

1. 複雑(ふくざつ)なことをわかりやすく説明する。

2. 全体的なことから個別的(こべってき)なことへと話を進める。

　3. ほかの人が感じているスポーツの
　　おもしろさを知る。

第6課：スポーツのおもしろさを伝えよう

● **さあ 始めよう！**

あなたの国にしかないスポーツがありますか。　　（　　　　　　　　）
あなたの国では、どんなスポーツが盛んですか。　（　　　　　　　　）
好きなスポーツや興味のあるスポーツは何ですか。（　　　　　　　　）

● **何をどんな順序で**

スポーツについて説明するとき、次のようなことを話すことが多いですが、どんな順序で話せばいいか考えて、下の（　）に記号を書きましょう。複雑な話をするときは、全体的なことから個別的なことへと話を進めましょう。

```
a．注意点（してはいけないこと）       e．行われ方（回数・セット数など）
b．名前                                  得点法（どうやったら点が入るか）
c．その競技のおもしろさ                  勝つ方法（勝敗の決め方）
d．人数・行う場所・使う道具            f．服装
                                        g．競技の種類（陸上・球技など）
```

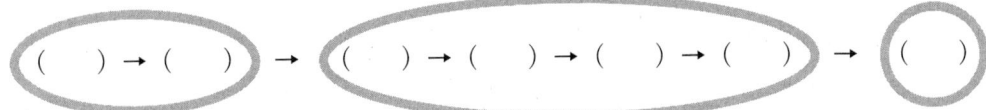

【全体的なこと】　　　　　　【個別的なこと】　　　　　　【全体的なまとめ】
（　）→（　）　→　（　）→（　）→（　）→（　）　→　（　）

Step.1

● **どんなことばで** 1

1）競技の種類・場所・使う道具に関係することばを勉強しましょう。（　）の中に、a〜nから適当なことばを選んで書きましょう。何回同じことばを使ってもいいです。

① 一人でするスポーツは（　　　）で、複数でするスポーツは（　　　）です。
② サッカーは（　　　）で、テニスやバスケットは（　　　）で、相撲は（　　　）で、ボクシングは（　　　）でします。
③ 野球は（　・　・　）を、サッカーは（　　　）を、ゴルフは（　・　）を、卓球は（　・　）を使って、競技します。

— 50 —

スポーツのおもしろさを伝えよう：第6課

④ コートや卓球台の真ん中に張ってあるのは（　　　）、コートの線は（　　　）、マラソンで最後に到着するところは（　　　）です。

```
a．個人競技　b．団体競技　c．グラウンド　d．コート　e．土俵
f．リング　g．ゴール　h．ライン　i．ネット　j．ボール
k．クラブ　l．ラケット　m．バット　n．グローブ
```

2）次のことばは、競技の動作や勝敗についてのことばです。左と右で、関係することばを線で結びましょう。

① 攻撃・攻める・オフェンス　　　・　　　　・a　敗者
② サーブする　　　　　　　　　・　　　　・b　ボールを投げる・打つ・ける
③ 勝者　　　　　　　　　　　　・　　　　・c　守備・守る・ディフェンス
④ ボールを受ける　　　　　　　・　　　　・d　レシーブする

3）次のことばは、あるスポーツでよく使用することばです。どのスポーツに関係することばでしょうか。□の中から選んで（　　　）の中に書きましょう。

（　　　）
バッター、ピッチャー、ホームラン、投手

（　　　）
飛び込む、泳ぐ、潜る

（　　　）
シュートする、パスする、ドリブルする

（　　　）
18ホール、ドライバー、クラブ

（　　　）
ボード、ゴーグル、滑る

（　　　）
押さえ込む、投げる、(黒)帯

```
バスケットボール・野球・水泳・スノーボード・柔道・ゴルフ
```

［あなたのことばメモ］
スポーツの名前（　　　　　　　　　　　　）

第6課：スポーツのおもしろさを伝えよう

● やってみよう 1　グループワーク

1） 競技の行われ方や勝敗の決め方などを説明するとき、1～4の質問に答える形で説明するとわかりやすくなります。次のスポーツについて、1～4の質問の答えをa～cの中から選び、表に書き込みましょう。

スポーツ名	質問1	質問2	質問3	質問4
野球				
サッカー				
バレーボール				

1．どうやったら、点が入りますか。勝ちますか。
　　「＿＿＿＿＿＿＿＿＿＿＿＿＿＿＿（たら）、点が入ります」

　a．相手チームの投手が投げたボールをバッターが打って、1塁から2塁、3塁と回って、本塁に帰って来られたら
　b．相手コートにボールを打って相手が取れなかったら
　c．相手ゴールの中にボールをけったり、ヘディングして入れたら

2．全部で何ゲーム／回／セットありますか。何分間しますか。
　　「1試合は＿＿＿＿＿あって、それぞれ＿＿＿＿＿＿＿＿＿＿＿＿＿＿＿＿。」

　a．3セット以上・どちらかが25点入れるまでします
　b．前半と後半が・45分間します
　c．9回・の回に攻撃と守備の表と裏があります。時間は関係ありません

3．どうやったら、ゲームが終わりますか。
　　「ゲームは＿＿＿＿＿＿＿＿＿＿＿（たら）、終わりになります。」

　a．どちらかが先に3セット取ったら
　b．9回まで終わったら
　c．後半の時間が終了して、ロスタイムも終わったら

4．どうやったら、試合に勝ちますか。
　　「試合は_____(が) 勝ちです。」
　　a．多く得点を取ったチームが
　　b．3セット先に取ったチームが
　　c．早くゴールに着いた人が

2）それぞれのスポーツについて、1）の1～4の答えを全部通して、発表しましょう。一つずつの質問に答えるように話せば、複雑な内容でも話しやすくなり、相手にもわかりやすいです。

Step.2

● どんなことばで 2

　好きなスポーツについて説明するとき、ルールややり方だけでなく、そのスポーツのおもしろさを伝えると、聞いている人も興味を持って聞いてくれます。次のスポーツは、どんなところがおもしろいでしょうか。下のa～gから選びましょう。いくつ選んでもいいです。

野球（　　　　　　　）サッカー（　　　　　　　　）
相撲（　　　　　　　）フィギュアスケート（　　　　　　　）
バレーボール（　　　　　　　　）ゴルフ（　　　　　　　　　）

---

　a．チームが一つになって戦うところ
　b．一瞬で状況が変わるところ
　c．スピードを競うところ
　d．戦術や心理的かけ引き
　e．体力だけでなく、知力や精神力が必要
　f．美しさを競うところ
　g．力と力のぶつかり合い

第6課：スポーツのおもしろさを伝えよう

● やってみよう 2　[ペアワーク]

1) 説明したいスポーツについて、例のように下線に書きましょう。

1．スポーツの名前は何ですか。
　例：　＿＿野球＿＿というスポーツについて説明します。
　　　「＿＿＿＿＿＿というスポーツについて説明します。」

2．そのスポーツは　団体競技／個人競技　ですか。何人でしますか。
　　どこでしますか。何を使ってしますか。
　例：このスポーツは＿9＿人1チームで行う＿団体＿競技で、＿ボールとバットと＿
　　　＿グローブ＿を使って、＿野球場＿で行います。
　　　「このスポーツは（＿＿＿人1チームで行う）＿＿＿＿＿＿競技で、
　　　＿＿＿＿＿＿＿＿を使って、＿＿＿＿＿＿＿＿＿＿で行います。」

3．どんな服装でしますか。
　例：＿シャツとズボン＿を着て行います。＿キャッチャー＿の場合は、
　　　＿マスクやプロテクターなど＿もつけて競技します。
　　　「＿＿＿＿＿を着て／＿＿＿＿＿に＿＿＿＿＿をつけて、行います。
　　　＿＿＿＿＿＿＿の場合は、＿＿＿＿＿＿＿＿＿＿＿＿も
　　　つけて／つけないで競技します。」

4．どうやったら、点が入ります／勝ちますか。
　　「＿＿＿＿＿＿＿＿＿＿＿＿＿＿＿＿＿＿＿＿＿＿＿＿＿＿＿＿＿＿
　　　＿＿＿＿＿＿＿＿＿＿＿＿＿＿たら、点が入ります／勝ちます。」

5．全部で何ゲーム／回ありますか。何分間しますか。
　　「1試合は　＿＿＿＿＿あって、それぞれ＿＿＿＿＿＿＿＿＿＿＿＿
　　　＿＿＿＿＿＿＿＿＿＿＿＿＿＿＿＿＿＿＿＿＿＿。」

6．どうやったら、ゲームが終わりますか。
　　「ゲームは＿＿＿＿＿＿＿＿＿＿＿＿＿＿＿＿＿＿たら、終わりになります。」

7．どうやったら、試合に勝ちますか。
　　「試合は＿＿＿＿＿＿＿＿＿＿＿＿＿＿＿ほうが／人が／チームが勝ちです。」

8．そのとき、注意することやしてはいけないことがありますか。
例：注意する点は、試合中に<u>危険な行為をし</u>てはいけないことです。
　　「注意する点は、試合中に＿＿＿＿＿＿＿＿＿＿＿＿＿＿＿＿＿てはいけないことです。」

9．そのスポーツは、どんなところがおもしろいのですか。
　　「このスポーツは、＿＿＿＿＿＿＿＿＿＿＿＿＿＿＿＿＿がおもしろいんです。」

2）友だちとペアになって、一人が質問し、もう一人が好きなスポーツについて答えましょう。質問した人は、友だちの話を聞きながら、メモをとりましょう。

質　問	友だちの話
1．スポーツ名	
2．団体か・個人競技か 何人か、どこでするか 何を使うか	団体　・　個人　・　両方 人数：　　　人、　　場所： 使う道具：
3．どんな服装か	
4．どうやったら、点が入り、勝つか	
5．何ゲームか・何回か・何分か	
6．どうやったら終わるか	
7．どうやったら勝つか	
8．注意すること・してはいけないこと	
9．どんな点がおもしろいか	

第6課：スポーツのおもしろさを伝えよう

3）ペアを変えて、一人で1）の1〜9を全部通して話してみましょう。一つずつの質問に答えるように話せば、長くて複雑な話でも、話しやすくなります。話を聞いている人は、もっと聞きたいことがあれば、あとから質問しましょう。

4）😊 友だちと話してどう思いましたか。

● **話すこころ・聴くこころ** ●

😊 友だちが感じるスポーツのおもしろさは、あなたと同じでしたか。（はい・いいえ）

「いいえ」と答えた人はどう感じましたか。

（いろいろなおもしろさがあると思った・そんなことをおもしろいと思うのは変だと思った・自分もそのおもしろさを体験してみたいと思った・その他：　　　　　　　　　　　　）

🗣 自分の話を聞いて、友だちはそのスポーツのおもしろさを理解してくれたでしょうか。

（はい・いいえ）

「いいえ」の人は、どうして理解してもらえなかったのでしょうか。

（十分におもしろさを伝えられなかった・友だちはそのスポーツをやったことがなかった・おもしろいと感じるところが違った・スポーツに興味がなかった・

その他：　　　　　　　　　　　　　　　　　　　　　　　　　　　　　　　）

😊 人によって、おもしろいと思うことが違います。また、スポーツに求めているものも違います。多くのおもしろさを理解できると、いろいろな人と話をすることがもっと楽しくなるでしょう。

第7課
言いかえて説明しよう

――――――――【 目標 】――――――――

1. ことばを言いかえて話す。

2. 自動詞・他動詞を使い分ける。

3. 相手が気持ちよく聞けるように工夫(くふう)する。

第7課：言いかえて説明しよう

● **さあ 始めよう！**

よく見る物で、名前のわからない物がありますか。その絵を書きましょう。

● **何をどんな順序で**

日本語で何というかわからないとき、その物について説明しなければなりません。そんなとき、何を説明するとよいでしょうか。「さあ 始めよう！」で書いた物について、ホッチキスの例を参考にして、次のことを考えてみましょう。

1．物の分類　　例：それは、文房具です。
　　　　　　　　それは、＿＿＿＿＿＿＿＿＿＿＿＿＿＿＿＿＿＿＿＿＿＿です。

2．使用場面　　例：それは、たくさんの紙をとじるときに使います。
　　　　　　　　それは、＿＿＿＿＿＿＿＿＿＿＿＿＿＿＿＿＿ときに使います。

3．使い方　　例：それは、とじる紙をその間にはさんで、手で握るようにして
　　　　　　　　　押して使います。
　　　　　　　　それは、＿＿＿＿＿＿＿＿＿＿＿＿＿＿＿＿＿＿＿＿使います。

4．形　　　　それの形は、＿＿＿＿＿＿＿＿＿＿＿＿＿＿＿＿＿＿＿＿＿。

5．似ている物　例：それは、用途がクリップに似ています。
　　　　　　　　それは、＿＿＿＿＿＿＿＿＿＿＿＿＿＿＿＿＿に似ています。

Step.1

● やってみよう 1

1) 下の1~5の文を例のようにつないで話してみましょう。同じことばのくり返しがなくなり、聞きやすくなります。あなたが考えた物について、少し長い文にして説明してみましょう。

1. それは文房具です。
2. それは鉛筆の先が丸くなったときに使います。
3. それは鉛筆をその物の穴の中に入れて使います。
4. (電動) それの形は四角い箱のような物が多いです。
   (手動) それの形は携帯用の小さいものです。
5. そのためにナイフを使う人もいます。

例
> 鉛筆の先が丸くなったときに使う文房具で、その物の穴の中に鉛筆を入れて削ります。電気で動くものは、四角い箱のような形をしていますが、手動のものは、小さくて携帯できます。それを使わないで、ナイフで削る人もいます。

あなたが考えた物の説明メモ

第7課：言いかえて説明しよう

2）鉛筆削りの例のように、次の物について、少し長い文で説明をしてみましょう。説明を聞いた人は、その物の名前がわかったら、教えてあげましょう。

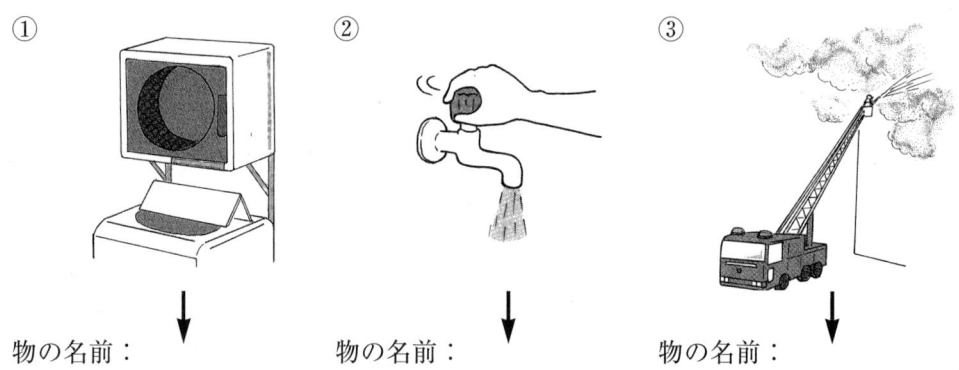

① 物の名前：　　　　② 物の名前：　　　　③ 物の名前：

● どんなことばで 1

物の使い方などを説明するとき、いろいろな動詞を使います。そのとき、自動詞・他動詞を正しく使い分けることができましたか。助詞の違いに注意して、自動詞と他動詞を使い分けられるようになりましょう。

次の文の（　　　）の中から、正しい動詞を選びましょう。
① 乾燥機は、その中に洗濯物を（入って・入れて）、ぬれている衣類などを
　（乾く・乾かす）電気製品です。
② 蛇口は、上部にある丸い形の物を左に（回して・回って）、下から水やお湯を
　（出す・出る）ための物です。
③ 消防車は、火事が（起こした・起きた）ときに、火を（消す・消える）ための
　赤い車です。はしごのついている車もあります

● やってみよう 2　　［別冊資料7－1、巻末資料自動詞と他動詞のリスト使用］

4、5人ずつのグループになって、自動詞・他動詞の絵カードでゲームをしましょう。まず、絵カードをよく切ってから、裏向きにして机に置きます。次に、順番に上から一枚ずつ取って、その動詞を正しく使って文を作ります。正しく言えたら、そのカードはあなたのものになります。間違えたら、そのカードは元に戻しましょう。カードがなくなるまで続けて、カードをたくさん取った人が勝ちです。

自動詞・他動詞でわからないものがあったら、巻末の自動詞と他動詞のリストを見て確認しましょう。
　カード1の例：旗が上がる／子どもが手を上げる。

言いかえて説明しよう：第7課

Step.2

● **どんなことばで** 2

1) 何かを説明しているとき、言いたいことばが思い出せなかったことはありませんか。
   ことばを探しているときに、使っている表現を思い出して書いてみましょう。

```
例：あー、えー
```

2) 下のaとbを比べましょう。どちらが聞きやすいと思いますか。
   それはどうしてでしょうか。

   ① a．このバッグは合成ひ・・・ぴ・・・かわ・・・でできているので、とても軽い
      です。
   b．このバッグは合成ひ、何て言いましたっけ、合成ぴ、えーと、かわ、合成皮革
      でできているので、とても軽いです。

   ② a．この真珠はタヒチの海でよーしっく、よー、よーしゅく、よーしょくされまし
      た。
   b．この真珠はタヒチの海で、よーしっく、ちょっとことばを忘れてしまったんで
      すが、よーしゅく、えーっと、よーしょくされました。

   ③ a．文字はローマ字を使っていて、おしゃ・・・・（沈黙）
   b．文字はローマ字を使っていて、おしゃ、何ていうんですか、えーと、おしゃ、
      （おしゃれ？）そうです。おしゃれです。

ことばを探しているときには、同じことばを何度もくり返したり、黙ってしまったり
するのではなく、自分が今考えているということを相手に示すことが大切です。そうす
れば、相手も助けようとしてくれます。

— 61 —

第7課：言いかえて説明しよう

● **やってみよう 3**　ペアワーク　　　　　　　　　　　　［別冊資料7－2使用］

1）友だちとペアになって、物の名前をあてるゲームをしましょう。少し長い文で、それぞれの物を説明してください。ただし、説明するときに□で囲んだことばを使ってはいけません。ことばを探しているときに使う表現も使って、上手に話しましょう。友だちの話の中で、初めて聞いたことばがあれば、メモをとりましょう。

［あなたのことばメモ］

```
┌─────────────────────────────────────────────┐
│                                             │
│                                             │
│                                             │
└─────────────────────────────────────────────┘
```

2）　ゲームをして、どのように感じましたか。

- - - - - - - - - - ● **話すこころ・聴くこころ** ● - - - - - - - - - -

　友だちが話の途中でどうして黙ってしまったのかわからなかったことはありませんか。
　　（はい・いいえ）
　「はい」の人は、そのとき、どんな気持ちになりましたか。
　　（いらいらした・不安になった・相手をかわいそうだと思った・聞きたくなくなった・
　　　その他：　　　　　　　　　　　　　　　　　　　　　　　　　　　　　　　　）

　上の質問に答えて、自分はどんな聞き手だと思いますか。
　　（わからないときにいらいらするタイプ・ねばり強く最後まで聞くタイプ・相手を助けよう
　　　とするタイプ・その他：　　　　　　　　　　　　　　　　　　　　　　　　　）

　話したいことが上手に伝わらなかったとき、どう感じましたか。
　　（いらいらした・悲しかった・もっとがんばろうと思った・聞き手に対して腹が立った・
　　　その他：　　　　　　　　　　　　　　　　　　　　　　　　　　　　　　　　）

　自分が話し手や聞き手として感じたことをほかの人も同じように感じているかもしれません。話すときは相手が気持ちよく聞けるように心がけ、聞くときは、相手の話をよく聞いてあげられるといいですね。

第8課
比べて良さを伝えよう

――――――【 目標 】――――――

1. 比較しながら説明する。

2. 場面に適した説明表現を使いこなす。

 3. 相手の気持ちを引きつける工夫をする。

第8課：比べて良さを伝えよう

● **さあ 始めよう！**

今までに買った物で特に気に入っている物がありますか。（　　　　　　　　　）
それを買ったとき、どうしてほかの物ではなく、それを選びましたか。
（　　　　　　　　　　　　　　　　　　　　　　　　　　　　　　　　）

● **何をどんな順序で**

1）何か商品を選ぶとき、次のような観点で選ぶことが多いです。「さあ 始めよう！」
　で書いたものを選んだとき、優先した観点の順位を（　　）に記入しましょう。

・価格　　　　（　　）　　・色・デザイン　　（　　）
・運びやすさ　（　　）　　・大きさ　　　　　（　　）
・重さ　　　　（　　）　　・機能　　　　　　（　　）
・使いやすさ　（　　）　　・ブランドや会社名（　　）
・その他　　　（　　）

2）ある物の良さを伝えるには、異なる機種・他社の製品と比べながら、次の1～3の
　順序で説明するとよくわかります。次の1～3にあたる文をa～eから選んで
　（　　）に記号を書いてください。

| 1．商品名の紹介 | → | 2．優先順位の高い観点についてほかの物と比較しながら、その良さを説明 | → | 3．まとめのことば |

　　（　　　　）　　　　　（　　　　　　）　　　　　（　　　　　）

a．それに、洗練されたデザインなので、今一番売れている電子辞書です。
b．これから、Aという（電子辞書）について説明します。
c．これを身につければ、きっと魅力的に見えるでしょう。
d．○○と比較して、××は手ごろな価格です。
e．このような理由で、みなさんに、（日本で買う／わたしの国に来る／○○社の
　　製品を選ぶ）ことを強くお勧めします。

比べて良さを伝えよう：第8課

Step.1

● **どんなことばで** 1

1）ほかの物と比較するときには、いいイメージのことばとよくないイメージのことばを上手に使い分けて話すと効果的です。AとBでは、どちらのほうが社会人が仕事上使うのに適した言い方でしょう。

【いいイメージのことば】

（A）		（B）
いろいろな機能がある	→	さまざまな機能を備えている
使い方が簡単だ	→	操作が簡単だ
いろいろな色がある	→	色が豊富だ
いろいろ好きに変えられる	→	多様な好みに対応できる
客へのサービスがいい	→	顧客本位のサービスを行っている
一番新しい／速い／いい	→	最新／最速／最高
高そうだ	→	高級感がある
センスがいい	→	デザイン性が高く色の感じがいい

【よくないイメージのことば】

（A）		（B）
前からある感じだ	→	代わり映えがしない
特に変わっているところがない	→	個性がない
簡単に買えない	→	入手困難だ／手に入れるのが難しい
持って歩くことができない	→	携帯できない
使いにくい	→	扱いにくい

2）ほかの物と比較するとき、次のような表現を使って、いい点を強調すると、相手によくわかります。

① いい点を多く述べるための表現に例のように下線を引きましょう。
　　例：これは、性能がいい<u>し</u>、操作が簡単だ<u>し</u>、デザイン<u>も</u>優れています。
　・これは、携帯でき、その上、本当に使い勝手がいいです。

第8課:比べて良さを伝えよう

・これは、とても高級感があります。それに、これを作っている会社は、顧客本位のサービスを行っているので、壊れたときも安心です。

② ほかの物と比較するための表現に下線を引きましょう。
・従来のものとは違い、使う人の好みに合わせて、色を変えられます。
・AとBを比較すると、Aのほうが、世界中で使用できるという点で、優れています。
・Aが色やデザインを選べないのに対して、Bは色やデザインが豊富です。
・Aは決まった店でしか売っていないので、手に入れるのが難しいです。一方、Bは、日本中どこででも入手できます。

③ 一番いいことを強調している表現に下線を引きましょう。
・これは、この機能を持っている製品の中で、最もデザイン性が高いです。
・これは、日本／世界で唯一、持ち運びできる製品です。
・電子辞書なら、何といってもA社の○○です。

［あなたのことばメモ］

● やってみよう 1 ［ペアワーク］

1）気に入っている物やこれから買いたいと思っている商品を、勉強したことばを使って、友だちに紹介してみましょう。パンフレットや写真、雑誌の広告、実物などを用意して、他社の商品や母国の商品などと比較しながら、説明します。まず、紹介のための準備をしましょう。

1．商品名の紹介
　これから、（　　　　　　　）という　　　　　　について説明します。

比べて良さを伝えよう：第8課

2．比較しながら、その良さを説明

```
┌─────────────────────────────────────┐
│                                     │
│                                     │
│                                     │
│                                     │
└─────────────────────────────────────┘
```

3．まとめのことば

　　これがあれば、きっと（　　　　　　　　　　　　　　　　　）でしょう。

2）友だちの話を聞いて、価格や機能などの観点ごとに違いをメモしましょう。

紹介者：

観　点	紹介した物（　　　）	比較した物（　　　）
1.		
2.		
3.		
4.		

Step.2

● どんなことばで 2

1）ある物の良さを知ってもらったり、本当に興味を持ってもらったりするには、どんな話し方をすればいいでしょうか。聞いている人の気持ちを動かすには、ただ説明するだけではなく、相手の気持ちを考えながら、次のようなポイントに気をつけて、語りかけることが大切です。

第8課：比べて良さを伝えよう

例：「とても操作が簡単です。」ということを相手にわかってもらう工夫

ポイント１：相手の経験をたずねて、身近に感じてもらう。
→ ××を使ったとき、使いにくかったことはありませんか。○○は、使い方が複雑でわかりにくいのですが、この商品なら、とても操作が簡単です。

ポイント２：相手に呼びかけて、注意を引いた上で、実際にやってみせる。
→ これをご覧ください。ほら！　こうしてこのボタンを押すだけなのです。とても簡単でしょう。××は、使い方が複雑でわかりにくいのですが、この商品なら、とても操作が簡単なのです。

ポイント３：自分の経験を話して、相手の共感を得る。
→ わたしは以前A社の××を使っていたんですが、使い方が難しくて、だんだん使わなくなってしまいました。せっかく買った物を無駄にしたくないですよね。その点、B社の○○なら、買ってすぐ使えるようになります。

２）次のような場合、どのように説明したらいいでしょうか。みんなで話し合ってみましょう。
「色が豊富です」　→

　→

「とても安いです」　→

　→

比べて良さを伝えよう：第8課

● **やってみよう 2** グループワーク 発表

1）今度はグループになって、ほかの人の気持ちを引きつけるように工夫(くふう)して発表しましょう。話すときは、目の動きやジェスチャーなどにも注意しましょう。

友だちの話を聞いて、観点(かんてん)ごとにメモしましょう。

紹介者(しょうかい)	観 点	紹介した物	比較(ひかく)した物
		（　　　　　　　　　）	（　　　　　　　　　）
	1.	・	・
	2.	・	・
	3.	・	・
	4.	・	・
		（　　　　　　　　　）	（　　　　　　　　　）
	1.	・	・
	2.	・	・
	3.	・	・
	4.	・	・
		（　　　　　　　　　）	（　　　　　　　　　）
	1.	・	・
	2.	・	・
	3.	・	・
	4.	・	・

2）最もわかりやすく、聞いている人を買いたい、または、使ってみたいという気持ちにさせた人はだれでしたか。今度は、その人が紹介した物をグループの全員で協力(きょうりょく)して、クラスのみんなに紹介しましょう。全員でアイデアを出し合って、さらに魅力的(みりょくてき)な話し方を考えてみましょう。最後に一番みんなの気持ちを引きつけたグループはどこか、拍手(はくしゅ)で決めましょう。

第8課：比べて良さを伝えよう

3) 「おすすめの物」をお互(たが)いに紹介(しょうかい)して、どうでしたか。

● 話すこころ・聴くこころ ●

勧(すす)められた物をあなたもぜひ使ってみたいと思いましたか。（はい・いいえ）

「いいえ」の人は、どうしてそう思いましたか。

（いいと思えなかった・自分には関係ない物だと感じた・今持っている物よりいいと思えなかった・その他：　　　　　　　　　　　　）

友だちの気持ちを引きつけることができたと思いますか。（はい・いいえ）

「いいえ」の人は、どうしてそう思ったのでしょうか。

（相手の視線(しせん)が自分に向(む)いていなかった・相づちを打(う)っていなかった・質問が何もなかった・自分の引きつけるための工夫(くふう)が足(た)りなかった・その他：　　　　　　　　　　　　）

自分の話を最後まで興味(きょうみ)を持って聞いてもらうのは難(むずか)しいですね。聞いている人が興味を示(しめ)してくれないと、話している人も楽しくないものです。相手の気持ちを引きつける工夫をして話すことも大切ですね。

第 9 課
ストーリーを話そう

―― | 目標 | ――

1. 展開がかわるようにストーリーを話す。
2. 接続の表現を効果的に使う。

3. 人の行為や行動に対するさまざまな
とらえ方を理解する。

第9課：ストーリーを話そう

● **さあ 始めよう！**
日本の昔話(むかしばなし)で知っているものがありますか。
（例：浦島太郎(うらしまたろう)　　　　　　　　　　　　　　　　　　　　　）
あなたの国でよく知られている昔話がありますか。
（　　　　　　　　　　　　　　　　　　　　　　　　　　　　　　　　　　）

● **何をどんな順序で**
昔話のような物語は、多くのものが同じような話の構成(こうせい)で展開(てんかい)しています。知っている昔話が、下の例の展開と同じかどうか、調べてみましょう。

話の展開	例	知っている昔話の場合
① 背景(はいけい)の説明 登場人物(とうじょうじんぶつ)・時代・場所などの紹介(しょうかい)や説明をする。	ある日、浦島太郎が、浜辺(はまべ)で子どもにいじめられている亀(かめ)を助(たす)けました。	
② 状況(じょうきょう)の変化・展開 予期(よき)しない出来事(できごと)や新しいことが起きる。	数日後、亀がお礼(れい)に現れて、浦島太郎を竜宮城(りゅうぐうじょう)へ連れて行きました。	
③ それへの対応 変化や展開への対応や対策(たいさく)を行(おこな)う。	竜宮城は夢(ゆめ)のような場所で、時間がたつのも忘れ、毎日楽しく暮(く)らしました。	
④ 結末(けつまつ)（教訓(きょうくん)） 問題が解決(かいけつ)する。 結末を迎(むか)える。	ふるさとに帰り、お土産(みやげ)にもらった箱を開けたら、白髪(しらが)のおじいさんになってしまいました。	

ストーリーを話そう：第9課

Step.1

● どんなことばで 1

1) 物語や出来事を話すときに、接続の表現を上手に使うと、聞いている人にも話の流れがわかりやすく、また、興味を持って聞いてもらえます。次のような接続の表現は、どんな働きをしているか考えて線で結びましょう。

① すると／そこで／それで　　　・　　　・a　時間の経過を示す言い方

② ところが／しかし／けれども　・　　　・b　話が次へ展開していく言い方

③ しばらくして／数日後　　　　・　　　・c　前に述べたことに対して、反対のことがらを続けたり、大きく話の流れが変わるときに使う言い方

2) 次の文の（　　　）の中の正しい方を選びましょう。それぞれの接続の表現の使い方については、巻末の「接続の表現　まとめ」を参考にしてください。

① 亀が「お礼に竜宮城にお連れします」と言いました。
　そこで、（浦島は喜んで亀の背中に乗りました・亀と浦島は海に入りました）。

② 竜宮城では、おいしい食べ物やお酒を出してくれました。
　それで、（浦島は楽しく毎日過ごしました・浦島はここにずっといたいです）。

③ 亀の背中に乗って、浦島は竜宮城を後にしました。
　しばらくして、（村を探しました・ふるさとの浜辺に着きました）。

④ 浦島は、竜宮城からふるさとに帰ってきました。
　ところが、（みんなが喜んで迎えてくれました・知っている人はだれもいませんでした）。

⑤ 浦島太郎がお土産の箱を開けました。
　すると、（おじいさんになっていました・白い煙が出ました）。

第9課：ストーリーを話そう

● やってみよう 1　[別冊資料9-1使用]

1) チーム対抗で、絵の順序をあてるゲームをしましょう。まず、A、B、2つのチームに分かれます。次に、チーム内で6枚の絵（a～f）の担当を決め、下のことばを参考にして、その絵を説明します。ただし、話すときに、相手チームに絵を見せないようにしてください。

6コマ漫画A

a ・片足で跳びながら ・～に近づく ・～するように頼む	d ・お辞儀をする ・お礼を言う ・頭に手をやる ・～でこたえる
b ・電車とホームの間 ・靴が脱げる	e ・つかむ ・手をたたいてよろこぶ ・片方の足を上げて
c ・線路 ・片足で立つ	f ・つり革につかまる

6コマ漫画B

a ・買い物かご ・～を腕にかけて持つ ・～しようとする ・～に気づかず、どんどん～する ・～に気をとられる	d ・店内アナウンス・店内放送 ・迷子のお尋ね
b ・震えながら泣く ・声をかける	e ・迎えに来る ・抱きつく ・抱きしめる ・床にひざをつく ・胸をなでおろす
c ・きょろきょろまわりを見回す	f ・～に向かっている ・手をつなぐ

ストーリーを話そう：第9課

相手チームが絵を説明しているときに、メモをとりましょう。

```
a：
b：
c：
d：
e：
f：
```

2）相手チームの話の順序がわかったら、a～fを左から順に一つずつ下の（　　）に書き入れましょう。相手チームは、6枚の絵を言われた順序に並べて見せます。次に正しい話の順序がわかったら、の接続の表現を、どこで使えばいいかを全員で考えましょう。接続の表現の使い方はいろいろ考えられます。

6コマ漫画A

話の順序　（　　）→（　　）→（　　）→（　　）→（　　）→（　　）

次の絵に
移るとき
使える接続表現

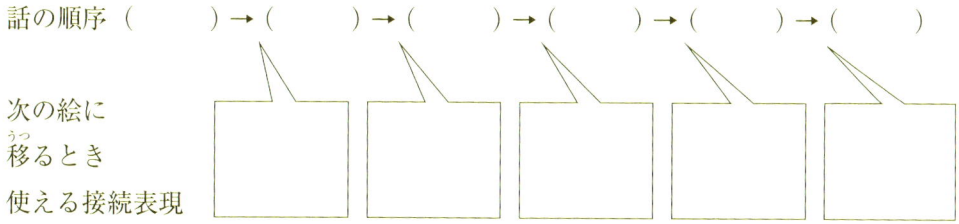

すると・しばらくして・ところが・そして・それで

6コマ漫画B

話の順序　（　　）→（　　）→（　　）→（　　）→（　　）→（　　）

次の絵に移ると
きや話の途中で
使える接続表現

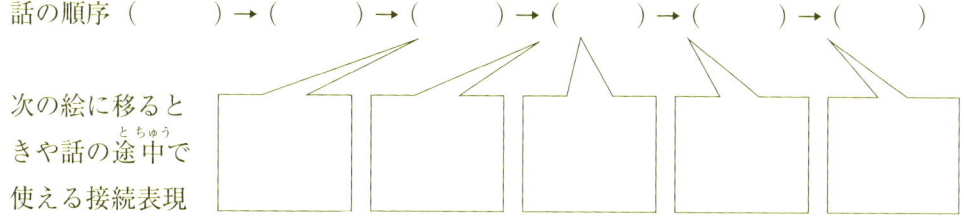

そこで・しばらくして・それで・ところが・すると

— 75 —

第9課：ストーリーを話そう

Step.2

● どんなことばで 2

話を聞いているとき、話に合わせて相づちを打つことで、相手は話しやすくなります。相づちには、若い人がよく使うもの、年配(ねんぱい)の人が使うもの、改(あらた)まった場で使うものなどいろいろあります。次の相づちはどんな場面で使うかを選び、線で結(むす)びましょう。答えは一つとは限(かぎ)りません。

① うん　　　　　　　　　　　・　　　　・a　ビジネス場面などで使う
② ええ／はい、そうですね。・　　　　・b　若い人がよく使う
③ それで？　　　　　　　　・　　　　・c　親(した)しい関係でのみ使う
④ ウッソー　　　　　　　　・　　　　・d　納得(なっとく)がいったときに使う
⑤ なるほど　　　　　　　　・　　　　・e　相手に話の続きを聞きたいときに使う

これ以外にも、「へえ」「そう」「そうなんだ」「そうなの」「知らなかったなあ」「知らなかったわ」「ふーん」などがありますが、いろいろな相づちを打つことで、相手が話しやすくなり、会話が進みます。

● やってみよう 2　[ペアワーク]　　　　　　　　　　　　　　　　　　　　　　　　　　　[別冊資料9－2使用]

1）二人一組になって、下のことばを参考(さんこう)にして4コマ漫画(まんが)を説明しましょう。聞いている人は話を聞きながら、それを絵にしましょう。説明をするとき、接続(せつぞく)の表現を使って、わかりやすく話しましょう。話を聞くときは、相手が話しやすいように相づちを打ちましょう。

4コマ漫画A

1　・窓(まど)ぎわの席 　　・ひざの上に置く 　　・仲(なか)の良さそうな～ 　　・握手(あくしゅ)をする	3　・ひざに載(の)せている 　　・～に立てて置く 　　・窓越(ご)しに～する 　　・離(はな)れようとしない
2　・～のほうに近づいて来る	4　・積み上げて～をふさぐ

ストーリーを話そう：第9課

- ・〜のすぐ横
- ・〜に向かって〜する
- ・手を振る
- ・迷惑そう

- ・じゃまをする
- ・わずかに空いている
- ・互いに手を振り合う
- ・あきれてしまう

4コマ漫画B

1
- ・座ろうとして、近づいていく

2
- ・席のすき間
- ・迷惑そうにする
- ・しかめっ面をする
- ・きつい
- ・浅く腰掛ける
- ・座り心地が悪そう
- ・汗をかく

3
- ・いかにも慣れた感じの人
- ・大柄な
- ・即座に〜する
- ・席をゆずる

4
- ・平然と〜する
- ・両脇

友だちの話を聞いて、4コマ漫画の絵を書きましょう。その場面で使われた接続の表現を（　　）の中に書きましょう。

1

2（　　　　　　　）

3（　　　　　　　）

4（　　　　　　　）

第9課：ストーリーを話そう

2) 4コマ漫画の説明をしたあとで、漫画のおもしろさや、何を伝えたかったのか、また、主人公がどんな人かなどについて話し合いましょう。

3) この漫画の主人公や登場人物について話し合って、どう思いましたか。

● 話すこころ・聴くこころ ●

友だちの話を聞いて、その考え方や感じ方はあなたと同じでしたか。（はい・いいえ）
「いいえ」の人は、そのことをどう思いましたか。
（おもしろいと思った・変だと思った・いろいろな感じ方があると気づいた・
その他：　　　　　　　　　　　　　　　　　　　　　　　　　　　　　）

自分の考え方を、友だちは理解してくれましたか。（はい・いいえ）
「いいえ」の人は、そのことについてどう思いましたか。
（悲しかった・残念だった・理解できないのが信じられないと思った・自分の感じ方が変わっているのかなと思った・その他：　　　　　　　　　　　　　　　）

同じ行動を見ても、見る人によって感じ方や考え方が違います。とらえ方の違いを理解して、お互いに尊重できるといいですね。

第10課
最近の出来事を話そう

―― 目標 ――

1. 出来事をわかりやすく伝える。
2. 引用を効果的に使う。
3. 感情を生き生きと伝えて共感を得る。

第10課：最近の出来事を話そう

● **さあ 始めよう！**

最近の出来事を思い出してみましょう。どんなことがありましたか。そのときに感じたことに○をつけてください。

腹が立った ・ うれしかった ・ 恥ずかしかった ・ 驚いた ・ 悲しかった ・ 感動した ・ おもしろかった

● **何をどんな順序で**

身のまわりで起きた出来事をわかりやすく伝えるには、どんな順序で話したらいいでしょうか。話の構成は①相手の注意を引くための切り出し、②出来事、③まとめの順で話すといいです。

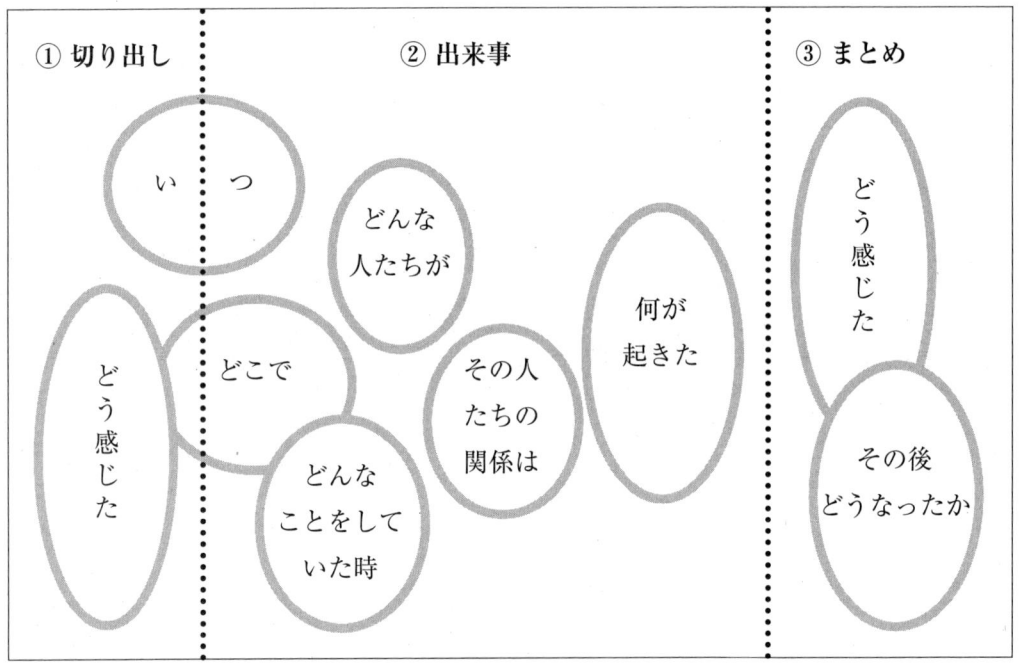

切り出しの表現には次のようなものがあります。
・あのう、夕べのことなんですけどね、～
・あのね、びっくりすることがあったんですよ。

まとめの表現には次のようなものがあります。
・もう本当にいやになっちゃいました。
・2度とそこには行かなくなりましたよ。

最近の出来事を話そう：第10課

次の例の切り出しとまとめに下線を引きましょう。

> あのね、きのうとてもうれしいことがあったんですよ。うちに帰ったら母から小包が届いていたんです。開けると、国の食べ物なんかと一緒にテープが入っていて、それをかけてみると、何が入っていたと思います？「しっかり勉強してね。」とか、「体に気をつけるんだよ。」とか、家族みんなからのメッセージが入っていたんですよ。とてもうれしくて、何度も聞きました。とっても元気が出ました。

Step.1

● どんなことばで 1

ほかの人のことばを引用することで、話し方に変化が出て話を生き生きとさせることができます。

1) ほかの人のことばに「　」をつけましょう。また、（　）に適当なことばを入れましょう。

① 何で結婚しないのってよく言われるんですけど、別に理由なんかないんですよ。
② トイレ使ってもいいですかとか日本人の友だちがわたしに聞くんですよ。
③ そんな所に立っていると危ないよって注意されました。
④ あと1回休んだら単位取れないよとか言われちゃいました。
⑤ 笑顔が可愛いねってほめられました。

・（　　　　　　　　　　　　　　　　　）ほめられました。

・（　　　　　　　　　　　　　　　　　）どなられました。

・（　　　　　　　　　　　　　　　　　）よく言われます。

・（　　　　　　　　　　　　　　　　　）注意されました。

第10課：最近の出来事を話そう

2）引用するときに、「あなた」「きみ」のような人を表すことばや文の終わりに「ね」「よ」のようなことばを入れることでそのことばをだれが言ったか、話し手とその人との関係はどうかなどを伝えることができます。次の「　」のことばはだれが言ったと思いますか。線で結んでください。答えは一つとは限りません。

① 「お前も結婚しろよ」ってよくしかられるんです。　　　　・　　・a　友人（男）
② 「リコちゃんも絶対来てね」って言われたんです。　　　　・　　・b　兄
③ 「何とか来ていただけないでしょうか」って頼まれました。・　　・c　知人（女）
④ 「わあ、すてきなスカーフですね」ってほめられました。　・　　・d　部下
⑤ 「勘弁してくれ」って断られちゃいました。　　　　　　　・　　・e　友人（女）

● やってみよう 1

1）ほかの人に言われたことばを引用しながら、最近の出来事を切り出しとまとめの表現を入れて話してみましょう。そのとき、だれが言ったかわかるように工夫して引用してください。引用をはっきり示すには、声の調子、大きさ、スピード、間のとり方なども工夫するといいですね。

最近の出来事の発話例

> あの、夕べのことなんですけど、人と会う約束があって銀座に行ったんです。その前に、何か軽く食べておこうと思いました。でも、辺りに手ごろな店がなくて、仕方なく近くのおしゃれなレストランに入りました。そしたら、「満席になっております。」って丁重に断られてしまったんです。でも、中をのぞくと空いている席があるんですよ。…あとでガラスに映った自分の姿を見て納得がいきました。よれよれのTシャツにだぶだぶのズボンっていう姿だったんです。今思い出しても恥ずかしくなります。

最近の出来事を話そう：第10課

あなたの出来事メモ

```
① 切り出し：
② 出来事　：


③ まとめ　：
```

2) 聞いている人は話の中の引用したことばを書きましょう。だれが言ったか考えてみましょう。あとで友だちに確認してください。

引用したことば	そのことばを言った人

Step.2

● どんなことばで 2

1) 出来事を話すとき、自分の気持ちも一緒に話すと、そのときのことをよくわかってもらえます。次の状況のときの気持ちはどのようなものでしょうか。a～jから選んで、（　）に記号を書きましょう。

① 右折するときダンプカーにぶつかりそうになった。　　　　　　　　　（　）
② インターネットの文章をそのまま自分のレポートとして提出した人がいる。
　　　　　　　　　　　　　　　　　　　　　　　　　　　　　　　　　（　）
③ 電車でおじいさんに席をゆずったら、大きな声でほめられた。　　　　（　）
④ ボーリングでパーフェクトが取れた。　　　　　　　　　　　　　　　（　）
⑤ スカートのファスナーを開けたまま、町を歩いていたことに気がついた。（　）
⑥ 仕事に失敗したときに、友だちから励ましの電話や手紙をたくさんもらった。
　　　　　　　　　　　　　　　　　　　　　　　　　　　　　　　　　（　）

第10課：最近の出来事を話そう

⑦ 病気の親のために子どもが一生懸命働いている姿を見た。　　（　）
⑧ 完成間近な論文を保存していたパソコンが壊れてしまった。　　（　）
⑨ 約束したのに来ないばかりか、そんな約束はしていないと言われた。　（　）
⑩ コメディーの主人公がおもしろいことをしているのを見た。　　（　）

---

a．頭にきた　　b．あ然とした　　c．ひやっとした　　d．胸を打たれた
e．胸がいっぱいになった　　f．気分がよかった　　g．照れくさかった
h．おなかを抱えて笑った　　i．顔から火が出るような思いがした
j．目の前が真っ暗になった

[あなたのことばメモ]

2）話を聞いている人の反応の仕方とその表現を線で結んでください。

① 信じられない気持ちで確認する。　・　・ a　元気出してください。次、がんばればいいじゃないですか。

② 相手の気持ちを考えて、同感の気持ちを表す。　・　・ b　よかったですね。／ひどいですよね。

③ 自分だったらどうするか／どう思うかなどを言って、やんわりと反対の気持ちを表す。　・　・ c　え？　野球のボールが頭にあたったんですか？

④ 励ましを述べる。　・　・ d　僕なら、空港に行くのはほかの人に頼みますけどね。

最近の出来事を話そう：第10課

● やってみよう 2　グループワーク
1) 一人ずつサイコロを振って、出た目の数と同じ番号の話をしましょう。

話のテーマ
① 驚いた話　　　　　④ 恥ずかしかった話
② うれしかった話　　⑤ 腹が立った話
③ 悲しかった話　　　⑥ おもしろくて笑った話

（　　　　　話）のメモ

聞いている人は、内容について確認したり、どう思ったか気持ちを話しましょう。
話の内容をメモし、質問したいことや反応のことばを書きましょう。

名　前	出た目	A：話のテーマ、B：質問や反応のことば
		A：
		B：
		A：
		B：
		A：
		B：
		A：
		B：

第10課：最近の出来事を話そう

2) 😊 友だちと話して、どう思いましたか。

●――――――――●　**話すこころ・聴くこころ**　●――――――――●

😊 **友だちの話は、おもしろかったですか。**（はい・いいえ）

「はい」の人は、どうしてそう思いましたか。
（声の調子に変化があっておもしろかった・内容に興味があった・気持ちの伝え方が上手だった・その場面がとてもよくわかった・その他：　　　　　　　　　　　　）

📖 **友だちは興味を持って聞いてくれたと思いますか。**（はい・いいえ）

「はい」の人は、どうしてそう思いましたか。
（うなずきながら聞いてくれていた・質問してくれた・反応を示してくれた・

その他：　　　　　　　　　　　　　　　　　　　　　　　　　　　　　）

😊 声の大きさ、調子、話し方の速さなどを工夫をすることで、感情を生き生きと伝えることができます。聞いている人も表情やことばで気持ちを伝えることができるといいですね。

第11課
健康について話そう

目標

1. 因果関係を説明する。
2. 社会的な話題を論理的に話す。

3. 個人的な話題に配慮する。

第11課：健康について話そう

● さあ 始めよう！

健康維持（けんこういじ）に関係あることとして、次のようなことが考えられますが、あなたが特に気をつけていることはどれですか。○をつけましょう。

- 食生活　　（　　）
- 睡眠（すいみん）　　（　　）
- 運動　　　（　　）
- ストレス（　　）
- 対人関係（たいじん）　（　　）
- 仕事や勉強　（　　）
- その他　　　（　　　　）

● 何をどんな順序で

体調（たいちょう）について話すとき、次の①〜④について話すことが多いです。下のa〜fの内容（ない よう）は、①〜④のどれについて話しているか考えて（　　）に記号を入れてください。

① 最近の体調（　　）
② 具体的な症状（ぐたいてき しょうじょう）（　　）（　　）
③ 症状の原因（げんいん）となる問題点（　　）（　　）
④ 気をつけていること（　　）

---

a．疲（つか）れがたまっている感じで、あまり調子（ちょうし）がよくないんです。
b．レポートの締（し）め切りがもうすぐなので、焦（あせ）っているんです。
c．夜中に目が覚（さ）めることがよくあります。
d．なるべくゆっくりお風呂（ふろ）に入って、音楽を聴（き）いてリラックスしてから寝るようにしているんです。
e．あまり食欲（しょくよく）がないんです。
f．隣（となり）の部屋のテレビの音がうるさいんです。

健康について話そう：第11課

Step.1

● どんなことばで ①

点　数	症　状	症状を表すことば
(　　)	① 気持が落ち着かなくて、怒りっぽくなる	
(　　)	② 布団に入っても、なかなか眠れない	
(　　)	③ 昼間、急に眠くなる	
(　　)	④ 食事をとりたいと思わない	
(　　)	⑤ がんばろうという気持ちにならない	
(　　)	⑥ 一つのことだけに気持ちを向けられない	
(　　)	⑦ 何かをしていてもすぐ止めてしまう	
(　　)	⑧ 前からの疲れがとれない感じがする	
合計点 (　　)		

1）表の①〜⑧のような症状が、最近1か月でどのくらいあったか調べましょう。よくある（3点）、ときどきある（1点）、ほとんどない（0点）として、（　　）に点数を入れてください。
　点数の高かった人は、原因が「さあ 始めよう！」で取り上げたことのどれと関係があるか考えてみましょう。

2）下のa〜hは、上の表の症状を表すことばです。あてはまるものを表に書き入れてください。

症状を表すことば

a．食欲不振　b．寝つきが悪い　c．根気がない　d．いらいらする
e．物事に集中できない　f．日中、眠気に襲われる　g．やる気が起こらない
h．疲れがたまっている

第11課：健康について話そう

3）ある症状とその原因について述べています。左と右を線で結んでください。答えは一つとは限りません。

① 物事に集中できないせいで　　　　　　　・a　やる気がなくなる人もいます。
② 疲れがたまって　　　　　　　　　　　　・b　ストレスはたまらないんじゃないでしょうか。
③ 忙しすぎる人は　　　　　　　　　　　　・c　人間関係がうまくいっていないことにあるかもしれません。
④ ストレスの原因は　　　　　　　　　　　・d　いらいらしがちです。
⑤ 日中、運動するようにすれば　　　　　　・e　仕事や勉強がはかどらないようです。
⑥ 朝、食欲がないのは　　　　　　　　　　・f　外食が多いことがあげられます。
⑦ 小さいことにこだわらない
　　ようにすれば　　　　　　　　　　　　・g　寝つきがよくなりますよ。
⑧ 肥満の原因として　　　　　　　　　　　・h　夜更かしのせいでしょう。

● やってみよう １　［ペアワーク］

1）最近の体調と具体的な症状、症状の原因と思われる問題点などを友だちに話して、改善策をアドバイスしてもらいましょう。また、聞いている人は、友だちの気持ちを受け止めて、適切なアドバイスをしましょう。

相談する人の発話例
① 最近の体調　② 具体的な症状　③ 症状の原因と思われる問題点

①最近、夜寝つきが悪くて、朝起きたとき、まだ疲れが残っているような気がするんです。②それで、満員電車に乗るのがとても苦痛なんですよ。電車の中で、携帯電話の着信音が鳴るだけで、いらいらしてどなりたくなってしまうほどです。
③実は、アルバイト先の先輩とうまくいってなくて、わたしがあいさつしても無視されてしまうんです。わたしには何も思いあたることがないので、どうしたらいいか悩んでいます。

アドバイスする人の発話例
① 相手の気持ちを受け止めることば　② アドバイス

①そうですか。それはつらいですね。人間関係がうまくいかないと、楽しくないですからね。②思いあたることがないなら、無視されても大きな声であいさつし続けてみたらどうですか。それでもだめなら、思い切って先輩に直接理由を聞いてみるっていうのも一つの方法じゃないでしょうか。

最近のあなたの体調を友だちに話してみましょう。また、友だちの話を聞いたら、アドバイスをしてあげましょう。

あなたの相談

① 最近の体調：

② 具体的な症状：

③ 症状の原因と思われる問題点：

友だちへのアドバイス

① 相手の気持ちを受け止めることば：

② アドバイス：

第11課：健康について話そう

2) 😊 友だちと話して、どうでしたか。

● **話すこころ・聴くこころ** ●

😊 友だちの話を聞いて、どう思いましたか。
　　（大変だと思った・気にしすぎだと思った・生活を改善すべきだと思った・
　　その他：　　　　　　　　　　　　　　　　　　　　　　　　　　　　　）

😊 自分の体調について、ほかの人に話してどうでしたか。
　　（自分の話を理解してもらって安心した・何も言ってもらえなかったのでがっかりした・
　　いいアドバイスをもらってうれしかった・自分が非難されたようで腹が立った・
　　その他：　　　　　　　　　　　　　　　　　　　　　　　　　　　　　）

😊 個人的な話を聞いたとき、相手の気持ちを受け止めることばを言ってあげることも大切ですね。自分の意見や考えを無理に押し付けたりしないようにしましょう。

Step.2

● **どんなことばで 2**

1) 食生活が原因で病気になることがあります。自分の食生活について、表のa～c欄のあてはまるところに○をつけましょう。

	a. はい	b. どちらとも言えない	c. いいえ
①ファストフード店へよく行く			
②好き嫌いが多い			
③野菜より肉類が中心			
④塩辛いものが好き			
⑤脂っこいものを好む			
⑥栄養のバランスに気を配らない			
⑦お酒を飲む機会が多い			
⑧食事時間は不規則だ			
合計			

質問に答えてみて、あなたの食生活の傾向は、次のどれにあてはまりますか。○をつけてください。

（　）① たんぱく質や脂肪の多い食べ物に偏っている。
（　）② どちらかというと1日にとるカロリーは高いほうだといえる。
（　）③ 野菜類が不足しがちだ。
（　）④ アルコールの摂取量が多い。
（　）⑤ 偏食気味だ。
（　）⑥ 余分な塩分や糖分を控えている。
（　）⑦ 栄養のバランスがよくとれている。
（　）⑧ 体にいい食生活を心がけている。

2）次の①～⑦は、最近増えてきた病気や症状などの原因を述べています。それぞれの文にあてはまることばを下から選んで、（　　）に入れてください。

① （　　　　）の子どもが増えてきたのは、カロリーの高いスナック菓子などをおやつに食べることも原因の一つだと思われます。
② ぐっすり眠れない状態が慢性的に続く（　　　　）は、夜遅く飲食したり、深夜番組を見て興奮したりするなど不規則な生活から引き起こされることがあります。また、ストレスなどが引き金になる場合もあります。
③ 三大死因の一つである（　　　　）の原因としてさまざまな要因があげられています。予防として、バランスのいい食生活をし、疲れやストレスをためないようにすることが大切です。
④ 自制心を失って、切れる子どもが増えているなど（　　　　）の増加は、ストレスのほかバランスを欠いた食生活も一因となっています。
⑤ 小さな子どもや若者でも、簡単に（　　　　）してしまうのは、運動不足や食生活の変化によるカルシウムの不足に起因しているようです。
⑥ 原因の究明は難しいのですが、鼻炎や発疹などの（　　　　）症状と環境の悪化や食品添加物などを使った人工的な食品が増えたこととの因果関係が疑われています。
⑦ めまいがしたり、顔色が悪かったり、疲れやすかったりする人は（　　　　）の傾向があり、食生活の改善が必要です。

```
a．がん　b．心の病気　c．肥満　d．不眠症
e．アレルギー　f．貧血症　g．骨折
```

第11課：健康について話そう

● やってみよう ② [ペアワーク] [発表]

1) 食生活が変化して、あなたの国で最近増えてきた病気について、次の①～③の内容で話してみましょう。

① 最近増えている病気や症状
② 原因として考えられる食生活の傾向
③ 予防や改善の方法

日本の場合

話　題	内　容
① 最近増えている病気や症状	・貧血症
② 原因として考えられる食生活の傾向	・朝食を食べない人が増えている ・食事の内容が偏っている
③ 予防や改善の方法	・カロリーのある朝食をとる ・緑黄色野菜や鉄分の多い食品を多く食べる

日本の場合の発話例

①最近、若い女性や子どもを中心に、貧血症の人が増えてきたと言われています。②これは、一般的に夜更かしする人が増え、朝なかなか起きられなくなり、時間がなくて朝食を抜いたり、寝起きで食欲がなくて飲み物だけですませたりすることも一因になっていると思われます。また、過剰なダイエットをしている人も多く、栄養のバランスを考えない偏った食事内容によって、引き起こされる例も多いです。③貧血症を改善するためには、朝食は一日の大切なエネルギー源となることを自覚して必ずとり、できるだけ緑黄色野菜や鉄分の多い食品を摂取するように心がけたほうがいいと思います。

健康について話そう：第11課

あなたの国の場合

話題	内容
① 最近増えている病気や症状	
② 原因として考えられる食生活の傾向	
③ 予防や改善の方法	

2）友だちの話を聞いて、メモしましょう。

友だちの国の場合

話題	内容
① 最近増えている病気や症状	
② 原因として考えられる食生活の傾向	
③ 予防や改善の方法	

第12課
将来の夢を語ろう

――― | 目標 | ―――

1. 理由や背景とともに考えを説明する。

2. 抽象的な表現を使いこなす。

3. 自分やほかの人の価値観について知り、
違いを認め合う。

第12課：将来の夢を語ろう

● **さあ 始めよう！**

あなたが子どものころに持っていた将来の夢と、今の夢は同じですか。
（　子どものころと同じ　・　子どものころと違う　）
違うと答えた人は、どのように変わりましたか。
（　　　　　　　　　　　　　　　　　　　　　　　　　　　　　　　）
どうして変わりましたか。
（　　　　　　　　　　　　　　　　　　　　　　　　　　　　　　　）

● **何をどんな順序で**

1）a～jの文は話題①～⑤のどれにあてはまりますか。表に記号を書いてください。

　　a．大学で日本語を専攻する留学生だ
　　b．日本企業の研修生として１年滞在している
　　c．医者になって国際的なボランティア活動をする
　　d．合弁企業の社員になって、世界を股にかけて活躍する
　　e．飢餓に苦しむ子どもの写真を見てショックを受けた
　　f．子どものころから外国が好きだった
　　g．外国語を身につけること
　　h．弁護士の資格を取得すること
　　i．困難を克服してぜひ夢を実現したい
　　j．必ず～になって人の役に立ちたい

話　題	内　容
① 現在の状況	
② 将来の夢・理想	
③ 目標を立てた理由・背景	
④ 課題・努力目標	
⑤ 実現への決意	

2）将来の夢や理想の姿について、どんなことをどんな順序で話したらいいでしょうか。話したい順序を考えて話題①～⑤の番号を（　　）の中に書きましょう。順序はいろいろ考えられます。

話したい順序
（　　）→（　　）→（　　）→（　　）→（　　）

Step.1

● どんなことばで 1

1）自分の考えをよくわかってもらうためには、そのように考えた背景（家の事情・家族構成・子どものころの経験・今持っている興味や能力など）も話すとわかりやすくなります。①～⑤で背景を話している部分に下線を引きましょう。

① 医者になりたいと思ったのは、子どものとき、大病をして、すばらしいお医者さんに命を助けてもらったからです。

② わたしの家はスーパーをやっています。小さいころから長男として家の仕事を継ぐように期待されていたので、商学部に入ったんです。

③ 女の子は一人だけだったので、可愛がられて育ちました。習い事もいろいろさせてもらって、その中の3歳から習っていた踊りが現在の仕事になりました。

④ 父が早く亡くなったので、生活のために母は仕事に出かけて家にいないことが多かったんです。それで、子どものころさびしい思いをしたので、わたしは専業主婦になりたいと思ったんです。

⑤ 小学校のときの先生がとても優しくていい人でした。わたしも将来あんな先生になりたいなと思って教師の仕事を目指しました。

第12課：将来の夢を語ろう

2）理想の生活や仕事の説明とそれを表すことばを左と右が同じ意味になるように線で結んでください。

① 子どもや孫と一緒に過ごす生活　　・　　・a 世界を股にかけて活躍する
② 経済的に豊かな暮らし　　　　　　・　　・b リッチな生活
③ 母国と日本の両国のために働く　　・　　・c 国と国の架け橋になる
④ いろいろな国に行って仕事をする　・　　・d 悠々自適の生活
⑤ 生活のために働く必要がなく、　　・　　・e 家族に囲まれた生活
　　好きなことをする

3）次の会話では、話を聞いた人はまず気持ち（感想）、次に応援することば（励まし）を述べています。下の例のように、聞いた人の感想の部分に下線を引きましょう。このような励ましや評価的なことばは、同等または目下の人にしか使えないので気をつけましょう。

例A：ボランティアで老人のためのコンサート活動をしたいと考えています。
　B：<u>すばらしい考えですね</u>。夢が実現できるように応援していますよ。
　　　　（感想）　　　　　　　　　　　　　（励まし）

① 学生A：HIVの根絶を目指し人々に働きかける仕事につきたいと思います。
　 学生B：やりがいのある大切な仕事ですね。がんばってください。

② 学生A：地雷除去の活動をして、安全な世界を実現するのが夢です。
　 学生B：わたしにはできそうもないですが、平和の実現に努力してくださいね。

③ 後　輩：親のいない子どもたちの施設を作り、教育に尽くしたいんです。
　 先　輩：大変だと思うけど、子どもたちの自立のためにぜひがんばってくれよ。

④ 学　生：仲間と一緒にお年寄りのための介護施設を作りたいと思います。
　 教　師：すばらしいですね。Aさんならきっと夢を実現できると思います。期待していますよ。

将来の夢を語ろう：第12課

● やってみよう 1　ペアワーク

友だちに将来の夢を話しましょう。話を聞いている人は、感想や励ましを伝えましょう。

[あなたのことばメモ]

友だちの話を聞いて、メモを取りましょう。

友だちの将来の夢	私からの感想・励まし

Step.2

● どんなことばで 2

1) 将来の夢や理想は、自分の持っている考えや価値観と関係していると言われます。下の①～⑥を大切にしている人は、どんな考えや価値観を持っていると考えられるでしょうか。左と右を線で結んでください。

① 仲間　　　　　・　　　・a 現実主義で富や経済力を追求する
② 自由　　　　　・　　　・b 人々に貢献することが生きがいだと感じる
③ 出世　　　　　・　　　・c 協調性を重んじ、対人関係を大切にする
④ お金　　　　　・　　　・d 出来事や物事に好奇心を持ち、物事を論理的に考え、
　　　　　　　　　　　　　　一つのことを突きつめる
⑤ 知識　　　　　・　　　・e 向上心を持ち、名誉や権力を求める
⑥ 人々の幸せ　　・　　　・f 既成概念にとらわれず、創造性を重視する

第12課：将来の夢を語ろう

2）あなたの描いた理想について、どうしてそう考えるようになったのでしょうか。背景や価値観と関連させてメモを作りましょう。

例：医者になる→わたしが子どものとき、大病をして、すばらしいお医者さんに命を助けてもらったのが、医者を志した一つのきっかけです。それに、わたしはまわりの人々が幸せになることがわたし自身の幸せだと感じるし、生きがいだと思っています。それで、病気の人を助ける医者になりたいと思うようになりました。

将来の夢・理想	背景や価値観との関連

● やってみよう ②　【ペアワーク】

あなたの将来の夢・理想について、そう考えるようになった背景・きっかけや価値観と関連させ、「何をどんな順序で」の話題①～⑤（p.98）まで全部を話してみましょう。友だちの話を聞きながらメモをとり、話のあとで、感想や励ましのことばを伝えましょう。

ツアーコンダクターになるのが夢の場合の例

（①～⑤は「何をどんな順序で」の話題番号を表します）

①わたしは今、日本に留学して、観光関係の専門学校に行くために勉強しています。②将来はツアーコンダクターとして働きたいと考えています。③そう思うようになったきっかけは、3年前にタイへ旅行したとき、すばらしいツアーコンダクターに出会ったことでした。その人は、タイの文化について表面的なことだけでなく、タイ人が大切にしている信仰心などもわかりやすく説明してくれたので、精神的な面まで知ることができ、とても感銘を受けました。

また、わたしがこう考えるようになった背景には、わたしの考え方も関係していると思います。わたしは、人にとって一番大切なのは人間関係だと思います。協調性を重んじ、周囲の人たちと仲良く、献身的に働く姿が理想です。こういう考えを持っているので、多くの人に喜んでもらえるツアーコンダクターとして働きたいと考えるようになりました。
　④そのためには、さらに語学力を伸ばし、異文化コミュニケーションについても学び、
　⑤ぜひ多くの人に喜んでもらえるツアーコンダクターになりたいと思っています。

友だちの話を聞きながら、メモをとりましょう。

話題	内容
① 現在の状況	
② 将来の夢・理想	
③ 目標を立てた理由・背景・価値観	
④ 課題・努力目標	
⑤ 実現への決意	

第12課：将来の夢を語ろう

2）友だちと話して、どう思いましたか。

● 話すこころ・聴くこころ ●

友だちの将来の夢を聞いてどんな気持ちになりましたか。
　（すばらしいと思った・応援したくなった・わたしももっとがんばらなければと思った・実現するのは大変そうだと感じた・その他：　　　　　　　　　　　　　　　）

友だちの価値観を知って、どう思いましたか。
　（友だちのことがもっと理解できるようになった・自分とは違うと思った・いろいろな価値観があることに気づいた・その他：　　　　　　　　　　　　　　　　　　　）

自分の夢や理想を話してどう思いましたか。
　（話すことで自分の考えもはっきりした・自分の考えがまだよくまとまっていないと思った・話さなければよかったと思った・その他：　　　　　　　　　　　　　　）

将来の夢や理想について語るとき、自分の価値観など内面を表現することになります。聞く人は話す人の気持ちを大切にして、しっかり受け止めましょう。

～巻末資料～

第7課　言いかえて説明しよう ─── ［自動詞と他動詞のリスト］

間違えた動詞や知らなかった動詞は、○で囲みましょう。

	自動詞	他動詞		自動詞	他動詞
1.	上がる	上げる	23.	つながる	つなぐ
2.	開く	開ける	24.	出る	出す
3.	集まる	集める	25.	通る	通す
4.	動く	動かす	26.	届く	届ける
5.	売れる	売る	27.	止まる	止める
6.	写る	写す	28.	流れる	流す
7.	起きる	起こす	29.	なくなる	なくす
8.	落ちる	落とす	30.	鳴る	鳴らす
9.	おりる	おろす	31.	並ぶ	並べる
10.	変わる	変える	32.	抜ける	抜く
11.	かかる	かける	33.	残る	残す
12.	かわく	かわかす	34.	乗る	乗せる
13.	決まる	決める	35.	入る	入れる
14.	切れる	切る	36.	始まる	始める
15.	消える	消す	37.	冷える	冷やす
16.	壊れる	壊す	38.	曲がる	曲げる
17.	閉まる	閉める	39.	回る	回す
18.	育つ	育てる	40.	見つかる	見つける
19.	倒れる	倒す	41.	破れる	破る
20.	立つ	立てる	42.	汚れる	汚す
21.	つく	つける	43.	分かれる	分ける
22.	続く	続ける	44.	割れる	割る

※リストの番号は別冊の「自動詞と他動詞」カードの番号に対応しています。

第9課　ストーリーを話そう ───［接続の表現　まとめ］

	接続の表現の働き	使い方の注意点	例文
すると	あることに続いて、ほかのことが新しく起こった場合に使える。	後ろの文は過去形。自分の意志を表す表現は使えない。状態には使えない。	公園を歩いていた。すると、知らない子が突然近寄ってきた。
そこで	前の文で示される状態や場面で、一般的に次に行う動作を述べたり、自然な流れを述べるときに使える。	後ろの文は必ず動詞の文。形容詞の文は使えない。自然な流れと考えられる行為である。	ドアのチャイムが鳴った。そこで、玄関に出てみた。
それで①	前の文で示されることが理由で、後ろの文がその結果や、それが理由でしたことを示す。	後ろの文では、客観的な状態や事実を説明する。意志（命令・依頼など）を表す表現は使えない。	日本に来て、全然運動しなくなった。それで、ずいぶん太ってしまった。
それで②	「それからどうしましたか」の意味で、会話中に、相手の話の続きを聞きたいときに使う。	二人以上で話しているときに使う。	A「きのう、野球の大事な試合があったんだ。」B「それで、どうだったの？」
ところが	予想とは反対のことや全く予想していないことが起きたときに使う。	後ろの文は、事実を述べる文にする。	日本語が上手になれば仕事があると信じていた。ところが、簡単に見つからなかった。
しばらくして	ある行為や出来事から、少し時間が過ぎたあとに、次の行動をしたり、何か変化があったりしたときに使う。	そのままの状態で、時間がたっていることに注意。	チケット売り場で列の最後に並んだ。しばらくして、わたしの番が来た。

■ 参考文献

　本書は、上級話者に必要な能力や各課の目標について、下記の文献や研究結果などを参考にしました。

・The American Council on the Teaching of Foreign Languages（牧野成一：監修、日本語OPI研究会翻訳プロジェクトチーム：翻訳）『ACTFL-OPI　試験官養成用マニュアル　1999年改訂版』、アルク（1999）

・牧野成一・鎌田修・山内博之・齊藤眞理子・荻原稚佳子・伊藤とく美・池崎美代子・中島和子『ACTFL-OPI入門 ―日本語学習者の「話す力」を客観的に測る』アルク（2001）

・荻原稚佳子・齊藤眞理子・増田眞佐子・米田由喜代・伊藤とく美「上・超級日本語学習者における発話分析―発話内容領域との関わりから―」、『世界の日本語教育』第11号、pp83-102、国際交流基金日本語国際センター（2001）

・荻原稚佳子・米田由喜代・伊藤とく美・齊藤眞理子・増田眞佐子「日本語学習者の口頭運用能力における発話のまとまり方の諸相」、『日本語OPI10周年記念フォーラム論文集』、pp51-64、日本語OPI研究会（2002）

・荻原稚佳子・齊藤眞理子・伊藤とく美「日本語OPIに見られるストラテジーの使用について」、『エディンバラOPIシンポジウム予稿集』、pp41-46、J-OPI　Europe・関西OPI研究会・ACTFL（2002）

・荻原稚佳子・齊藤眞理子・伊藤とく美・増田眞佐子「上級話者への会話教育の指針―OPIレベル別特徴の分析から、まとまりの欠如に焦点をあてて―」、『The 3rd International Symposium on OPI, The 12th Princeton Japanese Pedagogy Forum Proceedings』、pp92-102、Princeton University（2004）

■ 저자

荻原稚佳子（おぎわら　ちかこ）
　메이가이대학 외국어학부 일본어과 전임강사
　ACTFL 인정 OPI시험관

増田眞佐子（ますだ　まさこ）
　전 추오대학 국제교류센터 일본어강사
　ACTFL 인정 OPI시험관 자격 취득자

齊藤眞理子（さいとう　まりこ）
　분카학원대학 현대문화학부 교수
　ACTFL 인정 OPI 강사

伊藤とく美（いとう　とくみ）
　이와타니학원 테크노비즈니스 전문학교 일본어과 전임강사
　ACTFL 인정 OPI 시험관 자격 취득자
　일본교육카운셀러 협회 중급교육 카운셀러
　일본산업카운셀러 협회 산업 카운셀러
　도쿄국제·커리어 다이나믹스 연구소 SCT연구원

■ 일러스트　　高村郁子

新 일본어능력시험
문형 중심의 예문습득이 필수!

JLPT 新 일본어능력시험 문법 필수보충교재

일본어 학습자 필독서!

문형이 포함된 예문을 외우는 것은
한자·어휘·문법을 동시에 정복하는 지름길!!

アルク
독점 라이선스

新 일본어능력시험의 문법에 완벽 대비할 수 있는 일본어문형 630개를 총망라한 교재이며, **どんな時どう使う日本語表現文型辞典**의 2010년 개정판입니다.

- ✓ N1부터 N5까지 급별로 철저히 나누어 표시해 놓았으며, 각각의 수준에 맞는 문형에 맞추어 학습할 수 있도록 하였습니다.
- ✓ 각각의 문형 접속 방법과 그에 따른 실전 예문, 자세한 해설을 실어 놓았습니다.
- ✓ 각 행별로 연습문제를 실어, 실전에 대비할 수 있도록 하였습니다.
- ✓ 문법 접속 형태를 한눈에 볼 수 있도록 부록으로 정리해 두었습니다.

값 21,500원
友松悦子·宮本 淳·和栗雅子 공저 | 한국일어교육학회 감수

新 일본어능력시험의 모든 것은 book.japansisa.com에서 확인하세요!

제대로 전달하는 기술과 표현
일본어회화
상급으로 가는 길

초판발행	2010년 7월 15일
1판 4쇄	2021년 5월 10일
저자	荻原稚佳子·増田眞佐子·齊藤眞理子·伊藤とく美
책임 편집	조은형, 무라야마 토시오
펴낸이	엄태상
마케팅	이승욱, 전한나, 왕성석, 노원준, 조인선, 조성민
경영기획	마정인, 조성근, 최성훈, 정다운, 김다미, 오희연
물류	정종진, 윤덕현, 양희은, 신승진
펴낸곳	시사일본어사(시사북스)
주소	서울시 종로구 자하문로 300 시사빌딩
주문 및 교재 문의	1588-1582
팩스	0502-989-9592
홈페이지	www.sisabooks.com
이메일	book_japanese@sisadream.com
등록일자	1977년 12월 24일
등록번호	제 300-1977-31호

ISBN 978-89-402-9035-4 13730

ⓒ 2005 OGIWARA Chikako, MASUDA Masako, SAITO Mariko and ITO Tokumi
Illustration: TAKAMURA Ikuko
PUBLISHED WITH KIND PERMISSION OF 3A CORPORATION, TOKYO, JAPAN

* 이 교재의 내용을 사전 허가없이 전재하거나 복제할 경우 법적인 제재를 받게 됨을 알려 드립니다.
* 잘못된 책은 구입하신 서점에서 교환해 드립니다.
* 정가는 표지에 표시되어 있습니다.

제대로 전달하는 기술과 표현

일본어회화
상급으로 가는 길

荻原稚佳子・增田眞佐子・齊藤眞理子・伊藤とく美 공저

別冊 1 : 活動資料集
別冊 2 : 解答例

시사일본어사

別冊 1：活動資料集

第 5 課

[資料5－1]　● **やってみよう** 1　「腰痛(ようつう)を治(なお)す運動」

例

a

b

c

d

e

● **もっと楽しもう**

あなたの国でよく行われている楽しい踊りがありますか。
その踊り方をクラスの人に紹介してください。
音楽や衣装などのビデオや写真が準備できるといいですね。

（例）日本の盆踊り「炭坑節」
［踊り方の説明］
1．みんなで大きい輪を作ってください。
2．時計回りと反対の方に進むように立ちます。
3．まず、はじめに「チョチョンがチョン」と手拍子を打ちます。
4．次に、右足を右斜め前に蹴りだし、つま先を床につけ、両手を軽く握って右下に広げ伸ばします。
5．これをもう1回くりかえしてください。
6．今度は、反対の足と反対の手で同じ動作をします。
7．そして、右足を前に出し、両手を握って右肩にかつぎます。
8．反対側の動作をくりかえしてください。
9．それから、右足を後ろに引き、右手を顔の前にかざし、左手を左下に伏せて流します。
10．反対側の動作をします。
11．今度は、右足を前に出し、両手首を立ててトロッコを押すように前に押し出します。
12．左足を出し、もう1回両手を押しだしてください。
13．右足を前に出し、両手を水平に開きます。
14．最後に、右足を引いてそろえ、「チョチョンがチョン」と手拍子をします。

第6課

● **もっと楽しもう**

スポーツの説明の仕方と同じように、ゲームのやり方を説明してみましょう。

> 例：双六
> 　　使うことば：サイコロを振る・進む・休む・戻る・上がり・さいころの目・駒

そのほかのゲーム：トランプ・オセロ・マージャン・花札・人生ゲームなど

第7課

[資料7−1]　● やってみよう ② 「自動詞と他動詞」

5.
6.
7.
8.

13.

14.

15.

16.

17.

18.

19.

20.

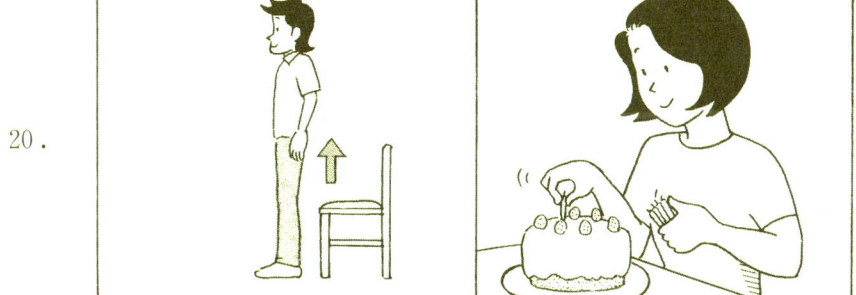

21.

22.

23.

24.

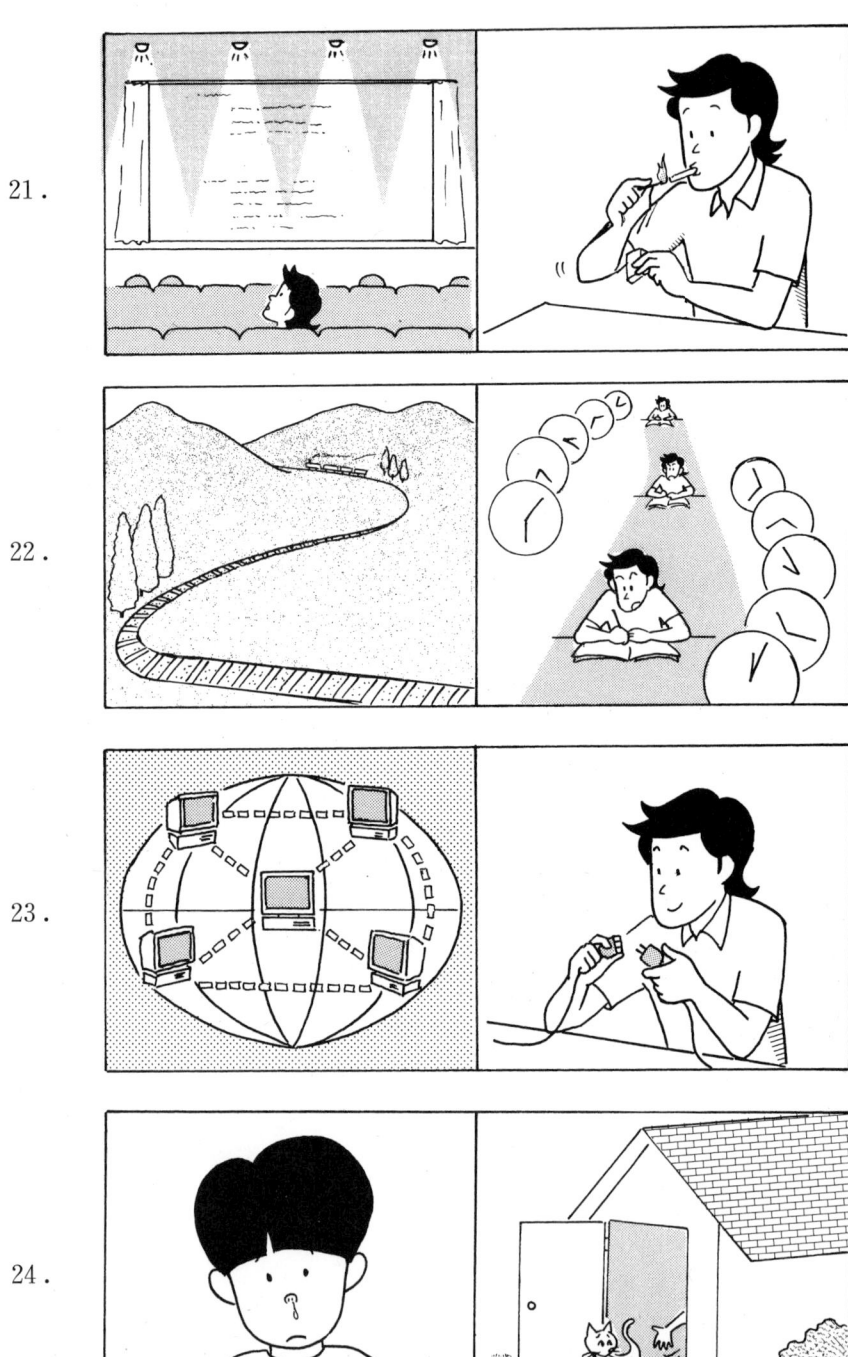

25.
26.
27.
28.

29.

30.

31.

32.

37.

38.

39.

40.

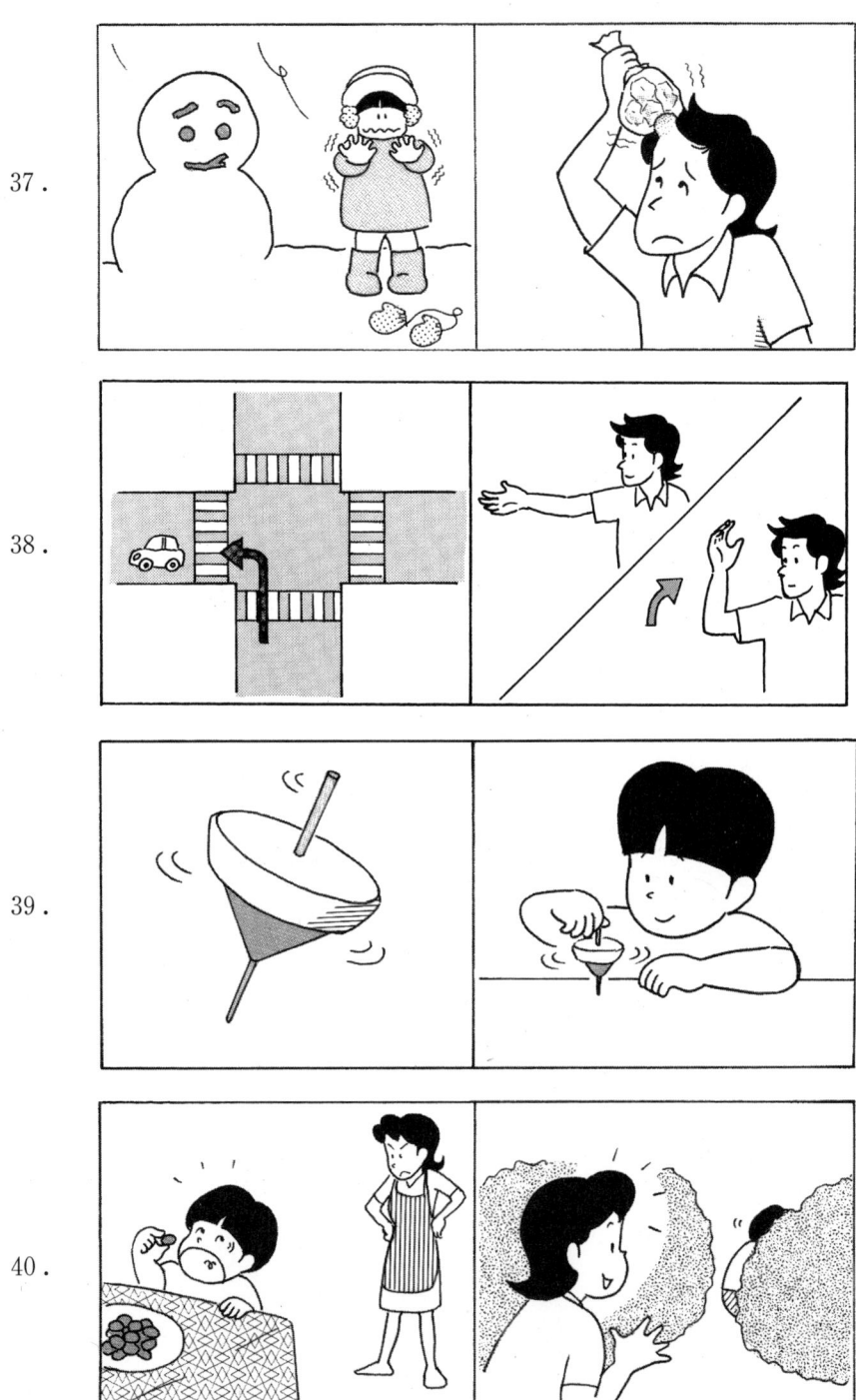

[資料7-2]　● **やってみよう** 3

[資料7-2A]

第7課　言いかえて説明しよう　ペアワーク

次の物について説明して、相手にその名前を答えてもらいましょう。□の中のことばは使ってはいけません。

A

① 飛行機

③ 音楽

② 栓
せん

④ ジュース

[資料7－2B]
第7課 言いかえて説明しよう

次の物について説明して、相手にその名前を答えてもらいましょう。□の中のことばは使ってはいけません。

B

① 時 間

③ 公 園

② 水・木

④ 丸 い

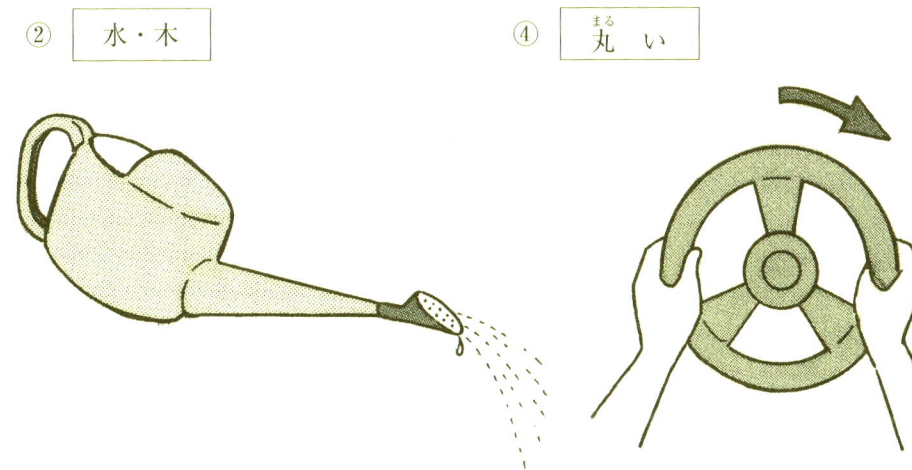

● **もっと楽しもう** 発表 グループワーク

あなたの国にはあるけれども、日本やほかの国にはあまりない物がありませんか。あなたの国の珍しい物を、友だちに紹介しましょう。

第9課　［資料9-1］　6コマ漫画A

A-a

A-b

A − c

A − d

A – e

A – f

6コマ漫画B

B-a

B-b

B-c

B-d

B-e

B-f

[資料9-2]

A

朝日新聞 1987年9月14日「フジ三太郎」
サトウサンペイ

B

朝日新聞 1988年10月30日「フジ三太郎」
サトウサンペイ

● **もっと楽しもう**

あなたの国の昔話(むかしばなし)を発表しましょう。
似(に)た話が、ほかの国にもありませんでしたか。
似た話があった場合、その話は、同じように理解(りかい)されていましたか。

第 10 課

● **もっと楽しもう**

子どものころの忘れられない話を友だちに話してみましょう。
最近のニュースの中で腹が立ったこと、驚いたことを友だちに話してみましょう。
自分の国のニュースで自慢できることを友だちに話してみましょう。

第 11 課

● **もっと楽しもう**

「風邪は万病のもと」とよく言われます。風邪の治し方や予防法について、自分の国でよく行われていることを紹介しましょう。

日本の場合

> わたしの国では、風邪のひき始めに①「卵酒」を飲みます。②作り方はお酒を温めて、その中に卵を溶きほぐして作ります。これは、③体を温めて汗を出すことやぐっすり眠れることで風邪に効果があります。また④子どものころ、長ねぎを焼いて、布にくるんで首に巻いてもらったことがありますが、少し気持ちが悪かったです。

あなたの国の場合

① 何を	①
② どのようにして	②
③ どうなるか	③
④ それを試して、どうだったか	④

別冊 2：解答例

第 1 課

● **何をどんな順序で**
 1）場面（ ② ）

● **どんなことばで 1**
 2）①-g ②-d ③-f ④-e ⑤-a ⑥-c ⑦-h ⑧-b
 3）①h ②c ③b ④e ⑤g ⑥a ⑦f ⑧d

● **どんなことばで 2**
 ①c ②a ③d ④g ⑤e ⑥f ⑦b

第 2 課

● **何をどんな順序で**
 1）Aさん：①③　Bさん：①②　Cさん：①③④　Dさん：①②
 2）①g ②b、c、d ③a、e ④f

● **どんなことばで 1**
 1）①-b ②-e ③-f（b） ④-g ⑤-d（c） ⑥-c ⑦-a

● **どんなことばで 2**
 2） 1 兄弟は何人いるか、どこに住んでいるか、何をしているかなどもう少し聞きたい。
　　 2 どうしてその仕事をするようになったのか、どんな仕事かなどもう少し教えてほしい。
　　 3 どんなことをするのか、始めたきっかけは何か、いつもどこでするのか、飛ぶときどんな気持ちかなどもう少し話してほしい。
 3） 1 とてもすてきですね。／わあ、きれい。高そうですね。など
　　 2 年配の方には：お若いですね。／何年(なにどし)ですか。など
　　　同じくらいの年の人には：わたしと同じくらいの（お）年ですよね。など
　　　若い方には：まだ学生でしょう？／働いていらっしゃるんですか。など
　　 3 ご主人・奥様もすてきな方なんでしょうね。／食事はどうしてますか。など
　　 4 とてもすてきですね。／すてきな指輪ですね。日本のものですか。など
 4） 1 ええ、でも子どもは夫の両親が見てくれているから大丈夫です。／子どもは高校生で、自分のことは何でもできるから大丈夫なんです。／大学生の長女が一番上にいるので、兄弟3人と夫で協力してやっているみたいです。など

2 そうですね。虫と言っても、主にカブトムシを飼っているんです。／蝶を集めているんですが、コレクターはとても多いんですよ。／いろいろな種類のものがいて、自然の不思議さを感じるんです。など
3 ええ、わたしの方が一目見て気に入ってしまって、電話番号を聞き出したんですよ。／ええ、ちょっと話をしたら、同じ大学を卒業していた・同郷だったことがわかって、すぐ意気投合したんです。など

第3課
● 何をどんな順序で
①b、e、h、k、m　②c、k、m　③a、g　④l
⑤f、i　⑥d、j
話す順序：①→②→③→④→⑤→⑥

● どんなことばで 1
1) ① a　b　c　d
　 ② d　c　a　b
　 ③ a　c　d　b
　 ④ a　d　c　b
2) ①−c　②−a　③−e、a、d　④−a、g　⑤−d、e
　 ⑥−h、e　⑦−b　⑧−f

● どんなことばで 2
Aさん：①（あのう、すみません、財布をなくしてしまったんですが）
Aさん：②（いつかよくわかりませんが）
Aさん：④（クレジットカードと外国人登録証）
警察官：⑥（この書類に必要事項を記入してください）
　　　　⑦（クレジット会社に電話して停止するように連絡してください）
Aさん：⑤（はい、とても大切な財布です。どうぞよろしくお願いします）

第4課
● 何をどんな順序で
【はじめ】①⑦　【中心部】②③④⑤⑥⑨　【まとめ】⑧

● どんなことばで 1
1) 1−g　2−c　3−h、b　4−a、e、i　5−j、d
2) 1−d　2−a　3−b　4−e　5−c　6−f

3) ①-c ②-e ③-a ④-f ⑤-g ⑥-b ⑦-d

第5課

● 何をどんな順序で

1) ①d ②a ④eまたはb ⑦bまたはe ⑨c

2)

	①	②	③	④	⑤	⑥	⑦	⑧	⑨	⑩
A．準備	○									
B．中心となる動き		○		○		○	○	○		
C．注意すること			○		○					○

● どんなことばで 1

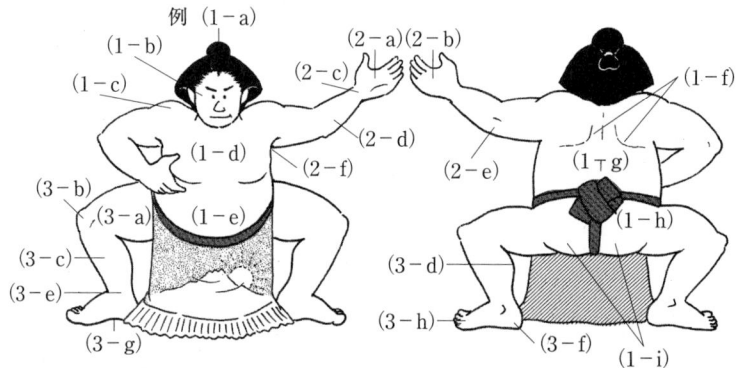

● やってみよう 1

1) 1. ①浮く　②沈む　③立ち上がる
　　2. ①つかまる　②はい上がる　③伸ばす
　　3. ①ちぢめ　②曲げ　③振る
　　4. ②広げる　③浮く　④引きよせ
　　5. ①うつぶせになっ　②起こす　③反らし

2) 表のタイトル：　1-c　2-a　3-d　4-b　5-e

● どんなことばで 2

1) ①-h ②-b ③-f ④-c ⑤-g ⑥-e ⑦-d ⑧-a
2) ①h ②d ③f ④a ⑤g ⑥b ⑦e ⑧c
3) 1.（f）乗るときに、荷物が落ちないようにしてください。
　　2.（d）バランスを崩さないように気をつけましょう。
　　3.（b）はじめは、ゆっくりこげばうまくいきます。
　　　（e）はじめは、ゆっくりこぐのがコツです。
　　4.（e）ハンドルをまっすぐにしておくのがコツです。

（b）ハンドルをまっすぐにしておけばうまくいきます。
5．（c）必ず鍵をかけてから、自転車を離れるようにしてください。
6．（a）急ブレーキをかけるのは避けてください。

● やってみよう 2
1）

順序の ことば	乗 り 方 （準備・中心となる動き）	注意すること
まず	スタンドを外します。	このとき、荷物が落ちないように気をつけてください。
次に	サドルにまたがって、ペダルに足をかけます。	バランスを崩さないようにしましょう。
そして	ペダルを交互に踏んで進んでください。	はじめは、ゆっくりこげばうまくいきます。
最後に	止まるときは、ブレーキをかけてスピードをおとします。	そのとき、急ブレーキをかけないようにしてください。
		自転車を離れるときは、鍵をかけることを忘れないようにしましょう。

別の乗り方を知っている人にも発表してもらってください。

第6課

● 何をどんな順序で
【全体的なこと】b→g　【個別的なこと】d→f→e→a　【全体的なまとめ】c

● どんなことばで 1
1）① a、b　② c、d、e、f　③（j・m・n）、j、（j・k）、（j・l）
　④ i、h、g
2）①－c　②－d　③－a　④－b
3）上段左から　野球、水泳、バスケットボール
　　下段左から　ゴルフ、スノーボード、柔道

● やってみよう 1
1）

スポーツ名	質問1	質問2	質問3	質問4
野球	a	c	b	a
サッカー	c	b	c	a
バレーボール	b	a	a	b

● **どんなことばで** 2
　野球：a、b、d　サッカー：a、b、c、d　相撲：c、d、e、g
　フィギュアスケート：e、f　バレーボール：a、d、e　ゴルフ：d、eなど

第7課

● **やってみよう** 1
　2）①それは、洗濯した物やぬれている衣類を乾かすために使う電気製品で、スイッチを入れると温かい風が出てきて、中にある物を乾かします。形は四角い大きな箱のような形をしています。
　②それは、洗面所などにあるもので、上の方にある丸い物を左に回すと、下から水やお湯が出ます。最近は、いろいろな形の物があって、回さないで、レバーを押したり、上げたりして出す物もあります。
　③それは、火事が起きたときに、火を消すための赤くて大きな車で、119番に電話して呼びます。その車についているホースから水が出て、その水を使って火を消します。はしごのついている車もあります。

● **どんなことばで** 1
　①入れて、乾かす　②回して、出す　③起きた、消す

● **やってみよう** 3
A：
　ヘリコプターの場合：それは、空を飛ぶ交通手段の一つで、空から人を見つけたり、きれいな景色を見たりするために使います。その物の上部で、十字のプロペラがぐるぐる回っていて、飛ぶときは、まっすぐ上に上がります。
　栓抜きの場合：ビールやコーラなどのビンを開けるときに、使います。この物の穴の中に、ビンの頭の部分を引っ掛けるように入れて、てこの原理を使って、柄を持ち上げて開けます。
　ピアノの場合：それは、とても重くて大きな楽器の一つで、木でできた白と黒の板を指で押さえたり、たたいたりすると、きれいな音が出ます。
　ミキサーの場合：それは、飲み物などを作るときに使う台所用品で、そのものの中に、好きな果物や野菜と牛乳や水を入れて、スイッチを押すと、中にある刃が回って、中のものが細かく切れて、おいしい飲み物になります。
B：
　目覚まし時計の場合：それは、ベッドのそばに置いておく小さな物で、朝早く起きたいときなどに、使います。裏側にあるスイッチを前の晩にセットしておくと、朝、セットしたとおりにいろいろな音が鳴って、その音を聞いて、ほとんどの人が起きることができます。
　じょうろの場合：花などの植物を育てるときに使う園芸用品で、この中に植物を育て

るのに必要な液体を入れて、これを少しずつ傾けると、先のほうからその液体が出ます。

噴水の場合：人々が集まる場所や大きな建物の前などにある丸い池のようなもので、真ん中から、水が勢いよく出てきます。とてもきれいで、みんながそれを見て楽しみます。

ハンドルの場合：車を動かすときに使う自動車部品で、これを両手で握って持ちますが、これを回して、進む方向を決めます。右に回すと、右に曲がり、左に回すと、左に曲がります。

第8課

● どんなことばで 2

2)「色が豊富です」：
・買おうと思ったけど、一色しかなくて、選べなかったことはありませんか。
・商品はいいけど、好きな色じゃなかったことはありませんか。
・みなさん見てください。このきれいな青色。晴れた日の青空のように美しいでしょう？　こんなきれいな色の〇〇を持ってみたいと思いませんか。

「とても安いです」：
・欲しいけど、高くて、買うのをあきらめたという経験はありませんか。
・欲しいけど、ちょっと高いな〜と思ったことがありませんか。これなら、そんな心配は全くありません。
・みなさん、見てください。こんなにいろいろな機能が備わっていて、たったの〇〇円ですよ！　すごく安くて、信じられないと思いませんか。

第9課

● どんなことばで 1

1) ①b　②c　③a
2) ①浦島は喜んで亀の背中に乗りました
　　②浦島は楽しく毎日過ごしました
　　③浦島はふるさとの浜辺に着きました
　　④知っている人はだれもいませんでした
　　⑤白い煙が出ました

● やってみよう 1

1)
6コマ漫画A（以下、下線部分は「使えそうなことば」の表現）
　a．（それで、）女の人は、<u>片足で跳び</u>ながら、駅員さんの方に<u>近づいて</u>いきました。そして、靴を線路に落としたことを伝え、<u>探してくれるように頼みま</u>

した。
b．(ところが、)電車が止まって、女の人が電車を降りようとしたとき、靴が脱げてしまい、靴が電車とホームの間に落ちてしまいました。
c．(すると、)駅員さんは、長い棒を持ってきて、線路のほうを探しました。女の人も、片足で立ったまま、一緒に探しました。
d．(そして、)女の人はとってもらった靴をはき、駅員さんにお辞儀をして、お礼を言いました。駅員さんは、頭に手をやって、「どういたしまして」と笑顔で応えました。
e．(しばらくして、)靴が見つかり、駅員さんは、ホームに膝をついた姿勢のまま、マジックハンドでつかんで、靴を取ってあげました。女の人も、すぐ横で片方の足を上げて立ったまま、手をたたいて喜んでいます。
f．女の人が、新しい靴を履いて、電車に乗っています。ドアの近くに立って、つり革につかまっています。靴を見ています。
(女の人の前には、新聞を読んでいる男の人が座っています。右のほうには、女の人が座って、目を閉じています。)

6コマ漫画B

a．ドアの横に、買い物かごがたくさんあります。お母さんは、左手で女の子と手をつなぎ、買い物かごを右腕にかけて持っています。すぐそばに、帽子をかぶって、エプロンをしているおじさんがいます。おじさんは、風船を手にたくさん持っていて、男の子に渡そうとしています。お母さんと女の子は、それに気づかず、どんどん歩いていますが、男の子は、風船に気をとられています。
b．(それで)男の子は風船を持ったまま、震えながら泣きはじめました。(すると、)店員が心配そうに、声をかけてきました。買い物に来ていたおばさんも、心配そうに見ています。
c．男の子は風船をもらいました。(ところが、)気がつくと、まわりにお母さんがいません。男の子は、手に風船を持ったまま、まわりをきょろきょろ見回しましたが、まわりにお母さんの姿はありません。知らないおばさんが歩いているだけです。
d．(そこで、)店員は、迷子の案内をするように頼みました。「迷子のお尋ねをいたします。」という店内放送が聞こえてきました。男の子は、泣きながら、その放送を店員と聞いています。
e．(しばらくして、)店内放送を聞いたお母さんと女の子が、男の子を迎えに来ました。男の子は、泣きながら、お母さんに抱きつきました。お母さんは床に膝をついて、男の子を抱きしめています。女の子は、買い物かごを持って、近くで二人を見ています。店員も、胸をなでおろして、二人の様子を見ています。
f．ここは［ニコニコスーパー］の入り口です。お母さんと男の子と女の子が、楽しそうに、スーパーに向かって歩いています。お母さんは、女の子と手をつないでいます。

2)
6コマ漫画A

　　　f →　ところが　b →　それで　a →　すると　c →
　　　しばらくして　e →　そして　d

6コマ漫画B

　　　f →　a →　c　ところが　→　それで　b　すると　→　そこで　d →
　　　しばらくして　e

● やってみよう 2

1)
4コマ漫画A

1　ここは駅に止まっている電車の中です。三太郎は窓ぎわの席で、ひざの上にお弁当を置いて座っています。窓のところには、缶ビールが1本置いてあります。三太郎は、プラットホームにいる仲の良さそうな（恋人同士のような）若い男女が笑顔で握手をしているのを見ています。

2　（　すると　）
　　外にいた若い男性が三太郎の横の席に入ってきました。外の女性は三太郎の座っている窓の方に近づいてきました。その男性は、三太郎の隣の席にかばんを置くと、三太郎のすぐ横に立って、窓の外の女性に向かって楽しそうに手を振り始めました。三太郎は、自分の顔の前で手を振られて、迷惑そうです。

3　（　そこで　）
　　三太郎は、ひざに載せていたお弁当箱を窓のところに立てて置きました。けれど、若い男女は、窓越しに指をさしたり手ぶりで話したりして、窓ぎわからなかなか離れようとしません。

4　（　それで　）
　　三太郎は腹が立って、持っていた週刊誌や時刻表をお弁当や缶ビールの上に積み上げて窓を塞ぎ、二人が見えなくなるように邪魔をしました。けれど、二人は、わずかに空いている窓の上のほうから、互いに手を振り合っているのでした。三太郎は、何をやってもやめない二人にあきれてしまいました。

4コマ漫画B

1
　　電車の中で椅子に男性が座っています。二人の間の席が開いています。そこへ、三太郎が座ろうとして、近づいていきました。

2　（　そして　）
　　二人の間の席のすき間に、三太郎は座りましたが、両脇の男性たちは、全く詰めてくれる様子もなく、迷惑そうに、しかめっ面をしています。三太郎は、きつくて、ゆっくり座れないので、前かがみになって、浅く腰掛け、座り心地が

悪そうです。顔が赤くなり、汗もかいています。
3 （　ところが　）
そこへ、いかにも慣れた感じの大柄な女性が乗ってきました。三太郎は、そこで、即座に立ち上がり、「どうぞ」と女性に席を譲りました。
4 （　すると　）
女性は、平然とわずかなすき間に座ったので、両脇の男性は押されて、とても苦しそうにしています。三太郎は、こうして男性たちに仕返しをしたのでした。

第10課

● どんなことばで 1
1) ①「何で結婚しないの」ってよく言われるんですけど、別に理由なんかないんですよ。
②「トイレ使ってもいいですか」とか日本人の友だちがわたしに聞くんですよ。
③「そんな所に立っていると危ないよ」って注意されました。
④「あと1回休んだら単位取れないよ」とか言われちゃいました。
⑤「笑顔が可愛いね」ってほめられました。
2) ①－b　②－e　③－d　④－c（d）　⑤－a

● どんなことばで 2
1) ①c　②b　③g　④f　⑤i　⑥e
　　⑦d　⑧j　⑨a　⑩h
2) ①－c　②－b　③－d　④－a

第11課

● 何をどんな順序で
　　1－a　　2－c、e　　3－b、f　　4－d

● どんなことばで 1
2) ①d　②b　③f　④a　⑤g　⑥e　⑦c　⑧h
3) ①－e　②－a、d、e　③－d　④－c　⑤－b、g　⑥－h　⑦－b
　　⑧－f

● どんなことばで 2
2) ①c　②d　③a　④b　⑤g　⑥e　⑦f

第12課

● 何をどんな順序で
1) ①a、b　②c、d　③e、f　④g、h　⑤i、j
2) 話したい順序：①→②→③→④→⑤

● どんなことばで 1
1) ① 子どものとき、大病をして、すばらしいお医者さんに命を助けてもらった
   ② わたしの家はスーパーをやっています。小さいころから長男として家の仕事を継ぐように期待されていた
   ③ 女の子は一人だけだったので、可愛がられて育ちました。習い事もいろいろさせてもらって、その中の3歳から習っていた踊り
   ④ 父が早く亡くなったので、生活のために母は仕事に出かけて家にいないことが多かったんです。それで、子どものころさびしい思いをした
   ⑤ 小学校のときの先生がとてもやさしくていい人でした。わたしも将来あんな先生になりたいと思って
2) ①-e　②-b　③-c　④-a　⑤-d
3) ① やりがいのある大切な仕事ですね
   ② わたしにはできそうもないですが
   ③ 大変だと思うけど
   ④ すばらしいですね

● どんなことばで 2
1) ①-c　②-f　③-e　④-a　⑤-d　⑥-b